우리 역사 속
망국 이야기

우리 역사 속 망국 이야기

황인희 지음 • 윤상구 사진

백년동안

들어가기 전에

역사란 무엇일까? 역사는 조상들이 살아왔던 흔적이다. 그런데 그 역사를 특히 열심히 공부해야 하는 이유는 또 무엇일까? 그것은 조상들이 살았던 삶의 과정을 우리가 앞으로 살아가는 동안 다시 또 겪을 수 있기 때문이다. 역사는 되풀이된다고 한다. 그래서 우리도 조상들이 겪었던 그런 상황에 맞닥뜨릴 수 있다. 그런데 역사를 알고 있다면, 그래서 조상들이 어떤 선택을 했을 때 성공했는지, 어떤 길로 갔을 때 실패했는지를 잘 알고 있다면 우리는 최소한 실패의 확률은 줄일 수 있다.

지피지기 백전불태(知彼知己 百戰不殆). 자기를 알고 상대를 알면 백번을 싸워도 위태롭지 않다는 말이다. 역사는 지피지기를 위한 가장 기본적인 자료이다. 인간 관계에서 일어나는 웬만한 문제의 해답은 거의 역사 속에 들어 있다. 인류가 살아온 기나긴 세월 동안 인간 세상에서 일어날 수 있는 수많은 일, 어찌 보면 거의 모든 일이 경험되었고 그것이 역사에 담겨 있기 때문이다.

이제까지의 우리 역사 교육에서는, 건국에 비해 망국을, 자랑스러운 일에 비해 부끄러운 일을 더 소홀히 가르쳐 왔다. 그러나 우리가 역사에서 무언가를 배워야 한다면 건국의 역사가 아닌 망국의 역사를, 부끄러운 역사를 더 열심히 공부해야 한다. 새로운 것을 창조하지는 못하더라도 최소한 망하는 것은 피해야 하고 잘못된 것은 고쳐나가야 하기 때문이다.

망국에서 배울 수 있는 가장 큰 교훈은 역시, 이겨야 한다는 것이다. 아니, 무슨 일이 있더라도 패배자가 되어서는 안 된다는 것이다. 너무도 당연한 얘기지만 역사는 승리한 사람의 기록이다. 패배자는 말을 할, 기록을 남길 기회조차 얻지 못하기 때문이다.

그런 연유로 패배한 사람은 자신이 어떤 삶을 살았든 상관없이 게으르거나 포악하거나 어리석은 자가 돼버린다. 승리한 사람은 패배자를 몰아낸 정당성을 인정받아야 하기 때문에 패배자를 무조건 깎아내릴 수밖에 없다. 그러니 뭔가 부족한 인간으로 후세에 기억되기 싫다면 무조건 승리해야 할 일이다.

어떤 사람은, 망국의 역사에서는 진실을 찾을 수 없다고 한다. 승자가 쓴 역사이기 때문에 패자에 대한 왜곡이 심하다는 것이다. 하지만 그렇게 따지자면 건국의 역사도 믿을 수 없다. 승자가 자신들의 이야기를 한껏 부풀리고 예찬했을 테니 말이다.

진짜 중요한 것은 건국이나 망국의 과정에서 그 사건들이 실제로 일어났는가 아닌가의 문제가 아니다. 사실 자체를 확인할 수 없더라도 역사 속에서 삶의 진실은 찾을 수 있다. 우리가 역사책에 쓰인 이야기들에서, 역사에 담긴 삶의 진실에서 어떤 교훈을 얻고 그것을 우리의 삶에 어떻게 적용시키는가가 중요할 뿐이다. 그것이 또 우리가 역사를 공부해야 하는 이유이기도 하다. 『시경』에 나오는'殷鑑不遠 在夏侯之世(은감불원 재하후지세 : 은나라가 거울로 삼아야 할 것은 멀리 있지 않다. 그것은 바로 이전에 멸망한 하나라의 시대이다)'라는 말처럼 우리는 역사에 우리의 나아갈 길을 비춰봐야 한다.

이 책에서는 삼국시대부터 조선시대까지 우리 민족의 국가들이 어떻게 망해갔는지에 대해 집중적으로 다루었다. 또 원 간섭기의 역사나 임진왜란, 병자호란처럼 왕조의 명맥은 유지했지만 망한 것이나 다름없는 부끄러운 사건에 대해서도 써놓았다. 중요한 것은 명맥을 유지했느냐 못 했느냐가 아니다. 어쩌다 국가가 그런 위기 상황까지 가게 되었는가가 중요한 것이다.

이 책을 집필하는 과정에서 나라를 위태롭게 하는 몇 가지 코드를 찾을 수 있었다. 이 책에 실린 사건들은 그 코드들 중심으로 구성되어 있다. 본문에 실린 '나라를 망국으로 이끄는' 혹은 '나라를 위태롭게 하는' 코드들 중 혹시 오늘의 우리에게도 적용되는 것이 있지 않을까? 국가든 기업이든 개인이든 망하지 않으려면, 위기를 맞닥뜨리지 않으려면 이 코드들에서 하루빨리 벗어나야 할 것이다. 자신의 삶과 주변에서 발견되는 망국의 코드를 털어버리고자 다 함께 노력하는 것, 그것이 바로 이 책이 목적하는 바이다.

2015년 봄

황 인 희

|차 례|

•제1장•

이 정도면 되었겠지

–백제의 망국

삼국 가운데 가장 먼저 멸망한 나라는 백제이다. 백제는 고구려를 건국한 주몽의 아들 온조가 세운 나라이다. 건국의 시기는 기원전 18년경이다. 660년 나당 연합군에 의자왕이 항복한 것을 백제의 멸망이라고 본다면 백제는 678년 동안 그 이름을 유지한 것이다.

백제를 망국에 이르게 한 근본적인 원인은 "이 정도면 되었겠지."하는 방심과 이로 인한 안일함이다. 백제는 경기도, 충청도와 전라도를 중심으로 발달했다. 그 지역은 한반도에서 가장 비옥하고 넓은 평야를 품고 있다. 평야 사이사이로 강이 흘러 물도 풍부한, 사람 살기에 아주 적합한 땅이다. 또 한강 유역은 교통의 요지이기도 하다. 바다를 통하여 중국이나 일본과 쉽게 교류할 수 있는 이점을 가지고 있었다.

이렇게 천혜의 환경 속에서 비교적 풍요로운 삶을 살 수 있었던 백제 사람들은 삼국 중 가장 찬란한 문화를 꽃피웠다. 그렇기 때문에 백제는, 한반도 구석 척박한 땅에 몰려 있던 신라나, 국경을 맞댄 중국의 여러 왕조와 늘 긴장 관계를 유지해야 했던 고구려에 비해 안일해지기 쉬운 조건을 가지고 있었다.

• 연회 장소로 지어진 충남 공주 공산성의 임류각. 천혜의 환경 속에 주어진 풍요로운 삶은 백제 사람들에게 안일해지기 쉬운 조건을 제공하였다.

물론 백제도 '한다면 하는' 나라였다. 영토를 넓히려 치열하게 주변국과 싸우고 그 과정에서 직접 참전했던 왕이 전사하는 일도 있었다. 마지막 왕인 의자왕도 재위 초기에는 야심차고 공격적으로 주변 나라를 압박했다. 그러나 의자왕은 어느 정도 땅을 차지했다고 생각한 이후로는 정복 사업에서 손을 떼고 궁궐 안에서 놀기에 바빴다. 기껏 노력을 하다가 어느 순간 긴장감을 놓아버린 것이다. 사람이든 다른 동물이든 긴장감을 잃으면 생명력도 차츰 잃어가게 된다. 그 해이함이 결국 백제를 망하게 한 것이다.

백제의 부흥 운동을 펼쳤던 세력도 마찬가지이다. 백제의 부흥 운동은 정말 요란했다. 왜가 구원군을 보내 한·중·일 삼국이 한반도에서 일대 접전을 벌였으니 말이다. 바다 건너온 왜의 도움까지 받았는데 백제가 부흥의 기회를 놓친 것도 바로 "이 정도면 되었겠지."하는 생각 때문이었다. 왜가 대 선단을 이끌고 도우러 오자 부흥 운동 세력은 "이제 되었다."라고 생각했을 것이다. 그때까지는 정말 백제와 왜의 연합군에게 승산이 있어 보였기 때문이다.

그런데 그 대목에서 부흥 운동의 주도자들은 긴장의 끈을 놓아버렸다. 그리곤 평화 시에도 하지 말아야 할 자기들끼리의 세력 다툼을 벌인 것이다. 아직 손에 들어오지도 않은 떡을 두고 누가 더 많이 가질 것인가로 목숨을 걸고 싸운 것이다. 지도자들끼리 서로 죽이고 죽고 하는 사이에 반격의 기회는 달아나버리고 백제의 부흥 운동도 물 건너 가버렸다.

여기까지는 한국사 시간에 졸지만 않았다면 누구나 다 알 수 있는 내용이다. 그런데 백제 망국의 원인을 더 깊이 파고들려면 학교 국사 시간에는 다루지 않는 백제의 역사에 대해 이야기해야 한다. 학교에서는 가르치지 않는, 그러나 백제의 역사에서 빼놓을 수 없는 것은 바로 대륙 백제에 대한 이야기이다.

백제가 대륙까지 그 세력을 뻗쳤음을 말해주는 기록은 중국의 정통 역사책 여러 곳에서 발견할 수 있다.

"그 후 고구려는 랴오둥(遼東)을 빼앗고 백제는 랴오시(遼西)를 빼앗았다. 백제가 다스린 곳은 진평군(晋平郡) 진평현이었다."

- 487년에 편찬된 『송서』 권97 이만열전(夷蠻列傳)

"진(晋)나라 때에 고구려가 랴오둥을 빼앗자, 백제도 랴오시·진평 2군을 소유하고는 직접 백제군(百濟郡)을 두었다."

- 629년에 편찬된 『양서』 권54 제이열전(諸夷列傳)

"진나라 때에 고구려가 랴오둥을 빼앗자, 백제도 랴오시 · 진평 2군을 소유하고는 직접 백제군을 두었다."

- 당나라 때 편찬된 『남사』 권79 이맥열전(夷貊列傳)

애당초 온조가 세웠다는 도읍 위례성도 한반도 서울 근처가 아닌 중국의 랴오시 지방에 있었다고 주장하는 학자들도 있다. 문헌에 나오는 '하남 위례성'에서 '하(河)'는 한강이 아니라 랴오시의 랴오허(遼河)라는 것이다. 랴오허 남쪽에 나라를 세운 백제가 랴오허의 서쪽인 랴오시까지 진출했고 나중에 베이징을 둘러싼 허베이(河北) 성이나 상하이 근처의 장쑤(江蘇) 성까지 그 세력을 넓혀갔다고 보는 것이다.

그러나 상당수의 우리나라 학자는 대륙 백제를 인정하지 않는다. 그래서 국사 교과서에서도 "백제가 랴오시에 진출했다."라는 정도로 다룬 데 그치고 말았다. 이 내용으로는 백제의 영토가 대

• 충남 부여의 백제 왕릉원. 능산리 고분군이라고도 불리는 이곳 일곱 기의 고분에는 사비 백제 시대 122년 동안의 왕과 왕비들이 잠들어 있다.

륙까지를 아울렀다는 것을 짐작하기 어렵다.

대륙 백제를 인정하지 않는 가장 큰 이유는 두 가지이다. 첫째는 『삼국사기』나 랴오시에 있던 나라들의 사료에 대륙 백제 얘기가 나오지 않는다는 것이다. 그런데 『삼국사기』를 지은 김부식(金富軾)은 신라 왕족의 후손으로, 고려가 고구려를 계승하였음에도 신라를 계승했다고 정통성까지 왜곡한 사람이다. 그런 김부식이 신라에 의해 패망한 백제를 대륙까지 아우른 큰 나라로 적었을 리 만무하다. 북중국 왕조들의 역사책에 나오지 않는 것도 어찌 보면 당연하다. 바다 건너온 이민족에게 점령당했던 것을 뭐 자랑이라고 확실하게 적어놓았겠는가?

대륙 백제를 인정하지 않는 또 하나의 이유는 "진나라 때에 선비족이 랴오시를 차지했다."라는 기록이 있기 때문이라 한다. 하지만 "랴오시가 백제 땅이었다."라는 얘기나 "랴오시가 선비족 땅이었다."라는 얘기나 왜곡 가능성이 있기는 마찬가지이다. 혹은 같은 진나라 때라도 선비족이 랴오시를 지배한 시기와 백제의 지배 시기 사이에 시간 차가 있을 수도 있다. 두 기록 중 어느 것이 맞는다는 확실한 증거를 찾을 수 없다면 팔이 안으로 굽는다는 원칙에 따라야 할 것이다. 그래서 이 책에서는 대륙 백제가 있었다고 주장한다. 우리 민족의 국가가 대륙까지 지배했다는 상상만으로도 가슴 벅차기 때문이다.

백제가 한반도에 세워진 나라라고 봤을 때, 처음 대륙 진출을 꿈꾼 백제의 왕은 제8대 고이왕이다. 52년 동안이나 백제를 다스렸던 그는 246년 산둥반도의 바닷가를 습격해서 낙랑의 주민들을 잡아오는 등 바다 건너로 손을 뻗기 시작했다. 이때 중국에서는 소설 『삼국지연의』로 유명한 위·오·촉 삼국이 치열하게 싸우고 있었다. 고이왕은 그 혼란한 틈을 타서 영토 확장을 꾀한 것이다.

한때 왕권 다툼으로 대륙 백제와 한반도 백제가 분열하여 양쪽에 조정이 있었던 일도 있다. 그런데 이 분열 상황을 해결하고 두

지역을 통일한 제13대 근초고왕 때 백제는 대륙까지 아우르는 대제국이 되었다. 이때 그 영토가 남쪽으로는 양쯔강에 이르고 북쪽으로는 랴오둥에 가까웠으며 전체 크기는 한반도 백제의 몇 배나 되었다고 한다.

이 무렵 벌어진 고구려와의 전쟁에서 근초고왕은 직접 3만 명의 군사를 이끌고 평양성까지 쳐들어갔다. 이 전쟁에서 고구려가 크게 패하고 고국원왕은 전사했다. 한반도 안에서도 백제가 큰 위력을 떨치고 있었던 것이다.

그 후 고구려 광개토대왕의 정복 사업으로 대륙 백제가 잠식되고 백제는 위축되어갔다. 하지만 제24대 동성왕과 제25대 무령왕 때는 대륙 백제의 영토를 다시 넓힐 수 있었다.

대륙 백제를 완전히 상실한 것은 무령왕의 아들 제26대 성왕 때의 일이다. 이 책은 백제의 망국이 이때부터 시작되었다고 본다. 그 이유는 대륙의 영토를 잃은 백제가 그 땅을 다시 찾으려는 노력을 하지 않았기 때문이다.

물론 성왕은 수도를 사비성(충남 부여)으로 옮기고, 만주 지방에까지 펼쳐졌던 옛 부여 땅을 되찾자는 의미에서 나라 이름도 남부여로 바꿨다. 그러나 그의 노력은 한반도 안에서 고구려와 땅따먹기 싸움을 하는 데서 그쳤다. 더구나 안타깝게도 그가 관산성(충북 옥천)에서 전사한 후 백제 사람들은 아예 대륙 백제를 잊은

● 충남 공주의 공산성. 사비(부여)로 천도하기 전까지 이곳 웅진이 백제의 도읍지였다.
660년 의자왕이 당나라에 항복한 곳이기도 하다.

듯 했다. 북벌을 외쳤던 왕을 졸지에 잃은 것도 충격이었지만 3만 명의 정예군을 잃은 탓에 진취적 기상이 있다 해도 그를 실현할 여력이 없었다. 그런 상황에서 나라 안에는 "한반도 백제만 있어도 사는 데는 지장 없어."하는 보신주의가 팽배해졌을 것이다. 이때 이후 백제에서는 대륙을 호령하고자 하는 기개는 찾아볼 수 없게 되었다.

523년 왕위에 오른 성왕은 대륙 백제의 영토를 넓히려 준비했다. 그런데 대륙 백제는 고구려와 국경을 맞대고 있었다. 고구려와 백제는 패수(浿水)에서 격전을 벌였다. 이때 1만 명의 군사로 고구려를 물리쳤다. '패수'는 중국 산둥성 남쪽에 있는 소청하라는 강으로 보인다. 그때까지는 백제가 대륙에 땅을 가지고 있었던 것이다. 529년에는 고구려 안장왕이 직접 군사를 일으켜 혈성(穴城)을 함락시켰다. 혈성 역시 대륙의 땅으로, 백제는 이런 식으로 조금씩 조금씩 고구려에게 대륙의 영토를 빼앗기고 있었다.

고구려뿐만이 아니었다. 중국의 왕조도 대륙 백제를 압박해왔다. 당시 선비족이 세운 중국의 북위가 망하고 난징을 경계로 동위와 서위로 나뉘었다. 서쪽의 길이 막힌 동위는 산둥성 쪽으로 세력을 키워갔고 이에 밀려 백제는 대륙의 영토를 영영 다 잃고 말았다.

백제 사람들은 크게 실망했다. 이에 분위기 쇄신이 필요했던 성왕은 사비로 수도를 옮기고 나라 이름도 남부여로 바꿨다. 성왕은 백제가 부여의 후예라는 점을 강조하고 싶었던 것이다. 부여의 후예라면 옛 부여 땅을 되찾아야 했다. 나라 이름을 바꾼 것은 북진 정책의 선언이었다. 또 사비는 수로를 통해 서해로 바로 나갈 수 있는 길목이다. 백제는 더 멀리 나아가기 위해 바다로의 빠른 진입이 가능한 사비를 선택했던 것이다.

그런데 계획과 달리 백제는 한반도에서도 땅을 넓히지 못하고 바다를 건너지도 못했다. 고구려와도 여러 차례 전쟁을 했지만 일진일퇴를 거듭했을 뿐 큰 변화를 만들어내지 못했다. 이때 백

• 충남 부여의 백강 나루터. 성왕이 새로 선택한 도읍지 사비(부여)는 수로를 통해 서해로, 그 너머 중국과 일본으로 쉽게 진출할 수 있는 곳이다.

제는 이미 중흥을 이룰만한 기력을 잃어버린 것이다.

혼자 힘으로는 고구려를 이길 수 없다고 생각한 백제는 신라와 가야에게 힘을 합치자고 제의했다. 세 나라 연합군은 평양까지 밀고 올라갔다. 이때 신라는 열 개의 군을, 백제는 여섯 개의 군을 회복하는 커다란 성과를 올렸다. 그런데 고구려가 반격을 시작하자 신라는 백제를 배신하고 고구려 편에 서버렸다. 동맹군의 배반으로 백제군의 사기는 크게 떨어졌다. 그때 신라는 한강 이북의 백제 땅과 한성까지 차지해버렸다. 성왕은 자신의 딸을 신라 진흥왕의 후궁으로 시집보냄으로써 간신히 위기를 모면할 수 있었다.

치욕적인 상황에서 딸까지 빼앗긴 성왕은 복수의 날을 기다렸다. 이번에는 왜에 원군을 요청하였다. 554년 성왕은 왜와 가야의 도움을 받아 신라의 관산성을 공격했다. 아버지의 뜻을 받들어 태자 창은 신하들의 만류를 뿌리치고 선봉에 섰다. 그런데 성왕은 이 전투에서 전사하고 말았다. 선봉으로 나선 태자를 위로하기 위해 50명의 군사만 거느리고 밤길을 가다가 신라의 복병들에게 붙잡힌 것이다. 성왕은 자신이 차고 있던 칼을 적장 도도에게 내주며 말했다.

"짐은 언제나 뼈에 사무치는 고통을 참고 살았지만 이제 구차하게 목숨을 구걸하고 싶지 않다. 어서 내 목을 베라."

도도는 노비 출신으로, 백제왕의 목을 가져가면 큰 상을 받고 신분 상승도 이룰 것이었다. 그는 성왕의 목과 목 없는 몸뚱이를 서라벌로 보냈다. 신라 조정은 그의 머리를 중앙 관청인 도당 건물 계단 아래 묻고 몸뚱이는 백제로 돌려보냈다.

왕이 전사했다는 소식을 들은 군사들은 더 이상 싸울 수가 없었다. 신라군은 전의를 상실한 백제군 3만 명을 거의 몰살시켰다. 하마터면 태자도 목숨을 잃을 뻔했다. 태자는 아버지를 지키지 못했다는 자책감에 바로 왕위에 오르지 않고 3년 동안 참회의 시간을 보냈다. 3년 동안 백제왕의 자리가 비어 있었던 것이다. 또 이때 3만 명의 정예 군사를 잃은 탓에 백제는 다른 나라를 정벌할 수 없는 상황이 되어버렸다.

성왕의 3년상을 다 치르고 왕위에 오른 그 아들은 제27대 위덕왕이다. 위덕왕이 왕위에 오르기 전부터 백제는 고구려에 두들겨 맞기 시작했다. 신라는 옆에서 고구려가 백제를 침공하기 편하도록 이리저리 길을 내주었다. 정신을 차릴 수 없었던 백제는 왜와 가야에 다시 원병을 요청했다. 하지만 신라의 공격으로 가야는 완전히 무너지고 말았다. 그런데 가야는 왜한테 몹시 중요한 지역이었다. 부족한 식량을 가야에서 사들여다 해결하고 있었기 때문이다. 가야가 무너지자 당황한 왜는 가야를 다시 살리기 위해 백제와 힘을 합치기로 했다.

• 충남 부여 시내 한가운데 세워진 성왕의 동상. 비운의 왕 성왕은 부여를 왕도로 만든 임금이다.

이 무렵, 힘을 합한 백제와 왜, 가야까지 삼킨 신라, 먹을 만큼 먹은 고구려의 힘이 서로 균형을 이루며 한때 전쟁이 소강 상태가 되었다. 간신히 숨 쉴 틈을 얻은 위덕왕은 중국의 남진과 북제에 사신을 보냈다. 외교의 힘으로 총체적 난국을 해결해보려는 바람이었던 것이다. 589년 수나라가 중국을 통일하자 위덕왕은 수문제에게 축하의 표문을 보냈다. 이를 본 수문제는 흡족해하며 다음과 같은 답장을 보내왔다.

"…… 백제 왕의 마음씀씀이가 순직하고 지극한 것은 내가 이미 알고 있는 일이다. 서로 떨어져 있다지만 백제의 사정을 알 수 있을 것 같으니 반드시 사신을 보내 직접 사정을 알릴 필요가 있겠는가? 사신이 오고 가는 길이 지극히 험난하여 풍랑을 만나면 인명을 상하고 재물의 손실을 입을 것이다. 그러니 이제부터는 해마다 들어와서 조공할 것 없고 나 역시 사신을 보내지 않을 테니 왕은 그리 알라."

-『삼국사기』 백제본기 위덕왕편 589년

그런데 자력으로 고구려에 대적할 수 없었던 백제는 수나라가 고구려를 침공하게 하여 고구려의 힘을 빼려는 계획을 세웠다. 598년 랴오둥에서 고구려와 수나라 사이에 전쟁이 일어났다는 소식을 들은 위덕왕은 수나라에 다시 표문을 올렸다.

"고구려는 예의 없고 오만한 나라입니다. 수나라가 다시 고구려를 친다면 백제가 길잡이가 되겠습니다."

편지를 받은 수문제는 고구려가 사죄하였으니 정벌할 수 없다는 답장을 보냈다. 이런 일들을 들은 고구려는 군사를 일으켜 백제의 국경을 공격했다. 지금의 관점으로 보면 백제의 이런 행동은 남의 나라에 아부하여 형제의 나라를 망하게 하려는 아주 비열한 짓으로 보인다. 그러나 그때는 같은 민족 국가냐 아니냐의 개념은 희박했고 오로지 국경을 넘어오는 적을 막아야 하는 상황만 있었을 뿐이다.

위덕왕은 74세에 세상을 떠났고 그 뒤를 이은 사람은 동생인 제28대 혜왕이다. 위덕왕에게는 태자를 비롯하여 아들들이 있었다. 그럼에도 일흔살이 넘은 동생이 왕위를 이었다는 것은 혜왕이 왕위를 빼앗았을 것임을 짐작하게 한다.

위덕왕의 태자는 태자로서는 흔치 않게 역사책에 등장하는 아좌태자이다. 아좌태자는 일본에서 쇼토쿠 태자 초상화를 그린 사람으로 유명하다. 그가 그린 초상화는 예전에 100엔짜리 일본 지폐에 실리기도 했다. 태자였지만 왕위에 못 오른 것으로 보아 혜왕 세력에게 살해되었을 가능성이 있다.

아좌태자와는 어머니가 다른, 위덕왕의 둘째 아들은 훗날 제30대 무왕이 되는 서동(薯童)이다. 숙부가 왕위를 차지하면서 무왕은 숨어살아야 하는 형편이 되었을 것이다. 어린 시절 마를 캐며 비천한 삶을 살았던 무왕의 처지가 이렇게 해서 만들어졌다고 볼 수 있다.

혜왕은 조카를 죽이고 왕위에 올랐지만 채 1년도 되지 않아 세상을 떠났다. 그 뒤를 이은 제29대 법왕은 혜왕의 아들이다. '법왕'이라는 시호를 받은 것을 보면 그는 생전에 불교를 장려했던 것 같다. 불교의 교리에 따라 살생을 금지하고 민가에서 기르는 매를 놓아주게 했으며 고기 잡고 사냥하는 도구들도 불태우게 했다고 한다.

그런데 법왕도 즉위 5개월 만에 세상을 떠났다. 이때 또 한 번의 정변이 일어났을 것이라 짐작할 수 있다. 그 근거는 그 다음 왕이 위덕왕의 아들 서동이라는 점이다. 아마도 아좌태자를 살해하고 왕위를 빼앗은 혜왕과 법왕 부자에 대해 반감을 가진 세력이 법왕을 죽이고 숨어 있던 위덕왕의 아들을 찾아내 왕위에 올렸을 것이다. 그가 바로 무왕이다.

• 충남 부여의 정림사지 오층석탑. 정림사는 사비 천도 후 가장 먼저 지어진 대규모의 절이었다.

무왕에게는 선화공주와의 로맨스와 서동요라는 향가가

함께 따라다닌다. 우선 향찰로 표기되었던 서동요를 소개한다. 이 노래는 어린 시절의 무왕, 서동이 아이들에게 마를 깎아주며 퍼뜨린 것이다.

선화공주님은(善化公主主隱) / 남 몰래 사귀어두고(他密只嫁良置古)
서동 방에(薯童房乙) / 밤에 몰래 안고 간다(夜矣卯乙抱遣去如)

선화공주는 신라 진평왕의 셋째 딸이라고 전해진다. 진평왕이 이 노래를 듣고 화가 나서 공주를 유배지로 보냈다. 공주가 길을 떠날 때 왕비가 순금 한 말을 노자로 주었다. 유배지로 가던 도중에 서동이 나타나 자신이 공주를 호위하겠다고 말했다. 정체를 몰랐지만 공주는 서동이 왠지 미덥게 느껴졌다. 이렇게 하여 두 사람은 백제로 갔다.

어느 날 공주가 장을 봐오라며 서동에게 금을 내주자 서동이 그게 뭐냐고 물었다. 귀한 물건이라는 설명을 들은 서동은 이렇게 말했다.

"내가 어려서부터 마를 캐던 곳에 이런 것이 많이 쌓여 있소."

두 사람은 산더미처럼 쌓여 있던 금을 가져다 진평왕에게 보냈다. 서동은 이 일로 인심을 얻어 왕이 되었다 한다. 여기까지가

『삼국유사』에 전하는 서동 이야기이다.

그런데 당시 상황으로 미루어볼 때 이 이야기에는 미심쩍은 부분이 많이 있다. 선화공주를 진평왕의 딸로 보기는 어렵다는 것이다. 진평왕에게는 딸이 둘 있었는데 큰딸은 김춘추(金春秋)의 어머니인 천명공주이고 둘째 딸은 선덕여왕이 되는 덕만공주이다. 『삼국유사』를 제외한 다른 기록에는 진평왕의 셋째 딸이 나와 있지 않다. 또 정말 진평왕의 딸이라면 신라와 백제의 국혼이 되는데 그런 기록도 없다. 또 이것이 사실이라면 무왕의 아들인 의자왕과 태종무열왕 김춘추는 이종 사촌 형제인데 그렇게 치열하게 싸웠을까? 그리고 무왕 시절에도 신라와 수많은 전쟁을 했는데 장인의 도움으로 왕위에 오른 무왕이 처가에 그런 대접을 했을까?

무왕과 선화공주 이야기의 전말은 아마도 이런 것이라 짐작된다. 선화공주는 백제의 공주였을 것이다. 그런데 공주의 집안은 서동과는 최악의 앙숙이었을 것이다. 당시 최대의 적국이었던 신라라고 표현될 정도로 말이다. 그것이 법왕 세력이었을 가능성이 크다. 그런데 금을 주고 진평왕의 인심을 얻었다고 했다. 무왕은 법왕 세력에 금을 주고 그들을 자기편으로 끌어들였을지도 모른다. 결국 그 덕에 왕위에 올랐다고 볼 수 있다.

이 이야기를 통해 당시 백제의 상황을 미루어 짐작할 수 있다. 첫째는 왕위 찬탈이 두 번이나 일어날 정도로 왕권이 미약해졌다는 것이다. 둘째는 금으로 정적을 매수할 수 있는 분위기였다는 점이다. 왕권의 약화와 배금주의, 이 두 가지 역시 왕조 시대에는 망국으로 가는 이정표였다.

무왕은 즉위 후 나라 안을 안정시키고 나라 밖으로는 신라와 고구려에게 빼앗긴 땅을 되찾으려 노력했다. 하지만 몇 차례의 전투에서도 큰 성과는 올리지 못했다. 이에 무왕은 다시 한 번 수나라를 이용하기로 했다. 611년 수나라가 고구려를 두 번째로 침공할 때 백제는 힘을 합하겠다고 수나라에 알렸다. 수나라는 이미 113만 명의 군사를 모았지만 백제의 제의에 기뻐했다. 그런데 그해 10월 백제는 느닷없이 신라의 가잠성을 급습했다. 신라가 방심한 틈을 탄 것이다.

중국에 수나라가 망하고 당나라가 들어서고 당태종이 황제에 올랐을 무렵 백제는 신라에 전면전을 선포했다. 놀란 신라가 당나라에 도움을 요청했고 당태종은 백제에 다음과 같은 편지를 보내왔다.

"…… 신라 왕 김진평은 나의 신하요 왕(무왕)의 이웃이다. 그런데 그대가 매양 군사를 보내 정벌하기를 그치지 않는다고 하니, 무력으로 을러대고 잔인한 짓을 즐겨하는 것은 내가 바라는 바에 어긋나는 것이다. 내가 이미 그대의 조카 복신과 고구려와 신라의 사신들을 불러 서로 화친토록 주선하여 화목을 서로 약속하였으니 그대는 지난 원한을 잊고 나의 뜻을 이해하여 이웃과 함께 정의를 돈독히 하고 즉시 전쟁을 그만 둘 일이다."

-『삼국사기』 백제본기 무왕편 627년

당태종은 신라, 고구려, 백제의 사신을 모두 한 자리에 불러 화친을 약속하게 했다. 하지만 무왕은 당나라의 요구를 듣지 않고 628년 다시 신라를 공격했다. 이후에도 무왕은 635년 정도까지 꾸준히 신라를 위협하였다.

물론 신라와의 전쟁에서 백제가 늘 이기는 것은 아니었다. 하지만 백제가 항상 주도권을 잡고 선제 공격을 했다. 그만큼 백제는 국력에 있어 자신감이 있었던 것이다. 또 무왕이 나라 안의 통치를 잘해서 백제는 정치적으로도 안정되었다. 그런데 그게 문제였다. 조금 살만하니까 "이 정도면 되었겠지."의 병이 여지없이 나타난 것이다.

무왕은 여유롭고 한가한 생활을 추구하기 시작했다. 좋게 얘기하면 풍류이고 나쁘게 얘기하면 사치스러운 삶이었다. 영토를 지키기 위해 다른 나라와 치열하게 전투를 벌이던 그 벌판에서 사냥을 하고 궁궐을 더 크게 지었으며 호화스러운 절을 짓기도 했다. 또 대궐 남쪽에 연못을 파서 물을 20여 리 밖에서 끌어들이고 사방 언덕에 버드나무를 심었으며 물 가운데 방장선산을 흉내낸 인공섬을 만들기도 했다. 방장선산은 사마천의 『사기』에 기록된,

바다 가운데 떠 있는 신선이 사는 산이라 한다. 무왕은 이 연못에 배를 띄우고 궁녀들과 즐겼다고 한다.

『삼국사기』에는 무왕이 측근을 거느리고 잔치를 한 모습이 기록되어 있다.

"왕이 측근 신하들을 거느리고 사비하 북쪽 포구에서 잔치를 베풀어 놀았다. 양쪽 언덕에는 기암 괴석이 얽혀 서 있고 그 사이에 기묘한 꽃과 특이한 풀들이 한 폭의 그림과 같았다. 왕은 술을 마시고 마음껏 즐

• 충남 부여의 서동공원. 공원이 있는 궁남지는 우리나라에서 가장 오래된 인공 연못으로, 무왕 때 만들어진 인공 연못이 바로 이곳이었으리라 짐작된다.

겨 거문고를 타면서 직접 노래를 불렀으며 따라온 이들도 여러 차례 춤을 추었다."

-『삼국사기』 백제본기 무왕편 634년

무왕은 이렇게 태평한 삶을 살다가 641년 40년의 재위를 마치고 세상을 떠났다. 어찌 보면 무왕이, 전쟁에 승승장구하고 태평성대에 여생을 보낸 팔자 좋은 왕으로 여겨질 수도 있다. 하지만 그가 재위했던 시기는, 수나라가 고구려와의 오랜 전쟁으로 망하고 당나라가 들어섰으며 당태종이 정변을 일으켜 황제의 위를 찬탈하는 등 주변 국가들이 격변을 겪고 있던 때였다. 또 신라나 고구려와의 국경이 아직 불안한 상황이었다. 이런 점들을 감안한다면 무왕이 그렇게 한가한 삶을 즐길 틈은 없었던 것이다.

또 무왕이 젊은 시절, 대국 당나라의 화해 주선까지 어겨가며 신라를 압박했던 것을 생각하면 만년의 여유는 더욱 문제 있어 보인다. 무왕은, 신라와 고구려를 넘어서 불과 1백 년 전까지 백제의 땅이었던 대륙 백제를 되찾을 생각은 하지 않았다. 아버지한테 물려받은 땅만 지키면 된다고 생각한 것이다. 무왕은 선조부터 내려오는 대업을 마무리 짓지 못했지만 거기서 대충 만족하고 하던 일을 그만둬 버렸다. 당시 백제는 제법 힘이 강했던 것 같은데 무왕이 그냥 "이 정도면 됐다."라고 생각하고 너무 일찍 여유를 부린 것이 못내 아쉽기만 하다.

백제가 아직 샴페인을 터트릴 상황이 아니었다는 것은 의자왕의 초기 행적을 보면 알 수 있다. 즉위 초 의자왕은 많은 시간을 전쟁터에서 보내야 했기 때문이다. 무왕과 선화공주의 맏아들로 태어난 제31대 의자왕은 젊은 시절 매우 야심만만한 모습을 보였다. 의자왕은 즉위하자마자 직접 군사를 이끌고 신라를 공격하여 40여 성을 빼앗았고 그로부터 한 달도 지나지 않아 윤충이라는 장수를 보내 신라의 대야성을 함락시켰다.

대야성은 백제에서 신라 서라벌로 가는 길목을 지키는 아주 중요한 군사 기지였다. 그래서 당시 신라의 실세 김춘추는 자신의

• 충남 부여에 있는 의자왕의 가묘. 젊은 시절 야심만만했던 의자왕은 백제 패망 후 당나라에서 세상을 떠났고 가묘에는 중국에서 보내온 묘비가 묻혀 있다.

사위 김품석(金品釋)에게 대야성을 맡겼다. 백제가 쳐들어가자 성주 김품석은 처자를 데리고 나와 항복하였다. 항자불살(降者不殺 : 항복한 자는 죽이지 않는다)이라 했는데 윤충은 김품석은 물론 그 처자식까지 모두 목을 베었다. 그런데 김품석의 처 고타소랑은 김춘추의 딸이었다. 김춘추는 이 사건으로 백제에 이를 갈게 되었다. 딸의 복수를 위해 수단과 방법을 가리지 않게 되었던 것이다.

신라는 복수전을 위해 다른 나라와의 연합을 시도했다. 가장 먼저 손을 내민 상대는 고구려였다. 그런데 고구려의 연개소문은 신라가 차지한 고구려의 옛 땅을 돌려줘야 도와줄 수 있다고 조건을 달았다. 김춘추가 거절하자 연개소문은 김춘추를 가둬버렸다. 김춘추는 『토끼전』의 토끼가 용왕을 속이듯 일단 연개소문의 요구를 들어주겠다고 거짓말을 하고 겨우 풀려날 수 있었다.

신라와 고구려의 관계가 틀어진 것을 본 의자왕은 고구려의 보장왕과 화친을 맺었다. 신라의 당항성(충남 당진)을 빼앗아 신라가 당나라에 입조하는 것을 막으려 한 것이다. 고구려 쪽을 단속했다고 생각한 의자왕은 마음 놓고 신라를 공격했다. 어쩔 수 없었던 신라는 당나라에게 구원을 요청했다. 당태종이 다시 중재에 나서게 되었다. 고구려에 사신을 보내 고구려와 백제는 신라에 대한 공세를 멈추라고 요구했다. 하지만 연개소문은 단호하게 거절했다.

● 경기 화성의 당항성 유적지. 당나라로 통하는 길목이었던 이곳은 원효대사가 해골 물을 마시고 깨달음을 얻은 곳으로도 알려져 있다.

645년 기어이 당나라가 고구려를 침공했다. 당태종이 안시성 싸움에서 크게 패하고 돌아갈 때까지, 남쪽에서도 백제와 신라의 전쟁이 끊이지 않았다. 신라가 다시 당나라에 사신을 보내 백제와 고구려가 자신들을 못 살게 굴고 있다고 하소연했다. 그러자 당태종의 뒤를 이은 당고종이 의자왕에게 협박에 가까운 편지를 보냈다.

"…… 삼한의 백성들로 하여금 칼 도마에 오른 고기 목숨이 되게 하고 무기를 마련해 멋대로 분풀이하는 것이 아침 저녁으로 되풀이되고 있으니 내가 하늘을 대신해 만물을 다스리는 입장에서 매우 안타깝고 불쌍하게 여기는 바이다. …… 왕(의자왕)이 신라의 성을 모두 돌려주면 신라도 백제의 포로를 모두 왕에게 돌려줄 것이다. 그러면 환란이 풀리고 분쟁이 해소될 것이며 무기를 거두고 갑옷을 풀어놓아 백성들은 무거운 어깨를 쉴 수 있고 세 나라는 전쟁의 수고로움이 없을 것이다. 이를, 변방의 망대에 피가 흐르고 강토에 시체가 쌓이며 농사와 길쌈이 모두 폐지되어 남녀가 손 놓고 근심하는 것에 비할 수 있겠는가! 왕이 내 분부를 따르지 않는다면 나는 법민(김춘추의 장남)의 요청대로 그들이 왕과 더불어 결전하게 내버려둘 것이며 고구려에게도 미리 약속하여 돕지 못하게 할 것이다. 고구려가 내 명령을 듣지 않는다면 거란을 움직여 고구려 깊숙이 들어가 노략하게 할 것이다. ……"

-『삼국사기』 백제본기 의자왕편 645년

의자왕은 당고종의 권고를 받아들여 한동안 전쟁을 멈췄다. 그 동안 고구려나 왜와의 우호를 다지고 있었다. 그러나 3년쯤 후에 백제는 다시 고구려, 말갈과 연합하여 신라를 공격했다. 신라는 당나라에 구원을 요청했지만 30여 개의 성을 빼앗기고 말았다.

여기까지는 백제의 의자왕이 승승장구해왔다. 그런데 이 사건 이후 백제에게는 다시 "이 정도면 되었겠지."하는 병이 도졌다. 자만한 의자왕은 사치와 향락에 빠져들기 시작했다. 태자궁을 극도로 사치스럽고 호화롭게 짓고, 의자왕은 궁녀들과 음란과 쾌락에 빠져 노느라 절제를 잃고 말았다.

이때 좌평 성충(成忠)이 의자왕에게 간언을 했다. 성충은 왕족 출신으로 성은 부여 씨이다. 그는 지혜가 뛰어나 향락에 빠지기 전 의자왕은 그를 불러 조언을 구하기도 하였다. 대야성의 성주 김품석이 음탕과 사치를 일삼아서 백성들과 군사들에게 원한을 사고 있으니 대야성을 치면 쉽게 함락시킬 수 있을 것이라고 제안한 사람도 성충이었다. 고구려와의 화친을 얻어낸 것도 성충이고 의자왕의 군사적 결정 뒤에는 늘 성충이 있었다.

그런데 의자왕은 자신의 향락을 비판한 성충을 가두고 음식도 주지 않았다. 성충은 굶어 죽어가면서 의자왕에게 글 하나를 보냈다.

"충신은 죽으면서도 임금을 잊지 않는 것이니 한 말씀만 올리고 죽고자 합니다. 제가 평소에 천시와 인사를 살펴보건대 필시 전쟁이 있을 듯합니다. …… 만약 다른 나라의 군사가 오거든 육로로는 침현(沈峴 : 충남 대덕군 마도령)을 지나지 못하게 하고 수군은 기벌포(伎伐浦 : 금강 하구)의 언덕을 오르지 못하게 하여 좁은 곳을 차지하고 적을 막아야 할 것입니다."

하지만 의자왕은 성충의 마지막 간언도 듣지 않았다.

• 충남 부여의 부소산성. 백제의 도성으로, 평시에는 왕궁의 후원이었지만 전쟁이 일어나면 최후의 방어성으로 이용되었다.

이 무렵 백제에는 수많은 망국의 징조가 보이기 시작했다. 가뭄이 들어 아무것도 거둘 수가 없었던 데다 믿을 수 없는 재해까지 거듭되었다. 물론 『삼국사기』에 기록된 이 이야기들을 있는 그대로 믿을 수는 없다. 김부식이 백제 멸망의 당위성을 강조하기 위해 만들어 넣었을 가능성이 있기 때문이다.

재해는 백제가 멸망하기 1년 전부터 시작되었다.

"659년 2월 여우 떼가 궁궐로 들어왔는데 흰 여우 한 마리가 상좌평의 책상에 앉았다. 4월 태자궁의 암탉이 참새와 교미하였다. 5월 사비하에서 큰 물고기가 나와 죽었는데 길이가 3장(약 9미터)이나 되었다. 8월 웬 여인이 물에서 떠올랐는데 키가 18척(약 5.5미터)이나 되었다. 9월 궁궐의 홰나무가 울었는데 마치 사람이 곡하는 소리 같았다. 밤에는 궁궐 남쪽 길에서 귀신이 곡을 하였다. 660년 2월 왕도의 우물물이 핏빛이 되었고 서쪽 바닷가에 작은 고기들이 물 밖으로 나와 죽었다. 사비하의 물도 핏빛으로 붉었다. 4월 두꺼비 수만 마리가 나무 위에 모여들었다. 왕도의 사람들이 까닭도 없이 누군가에 쫓기는 것처럼 놀라 달음질하여 나동그라져 죽은 이가 1백 명이 되었다. …… 6월 웬 귀신 하나가 궁궐에 들어와서 큰 소리로'백제가 망한다! 백제가 망한다'라고 외치고는 땅으로 들어가버렸다. 왕이 괴이쩍게 여겨 땅을 파보게 하니 깊이 3척(약 1미터)쯤 되는 곳에 거북 한 마리가 있었는데 그 등에'백제는 둥근 달과 같고 신라는 초승달과 같다'라는 글씨가 있었다. 왕이 무당에게 그 뜻을 물으니 무당은'둥근 달 같다는 것은 가득 찬 것이니 이지러질 것이라는 얘기이고 초승달과 같다는 것은 아직 차지 않았으니 점점 차게 될 것이라는 이야기입니다'라고 대답하였다. 왕이 노하여 무당을 죽였다. 다른 이가'둥근 달과 같다는 것은 왕성한 것이요, 초승달과 같다는 것은 미약한 것이니 백제는 왕성해지고 신라는 점차 쇠약해지나 봅니다'라고 말하자 왕이 기뻐하였다."

-『삼국사기』 백제본기 의자왕편 659~660년

김부식의 왜곡과 상관없이 실제로 이런 일들이 있어났다고 보기는 어렵다. 그러나 이런 이야기들은 그 사회의 불길한 분위기를 상징적으로 나타내고 있다. 사회가 불안하고 근심이 많아지면 유언비어도 많아지게 마련이다. 또 달 이야기에 대한 의자왕의 대처도 눈여겨봐야 한다. 듣기 싫은 이야기를 들었을 때 자중하고 조심하며 앞날에 대비하는 것이 아니라 이야기 자체를 부인하였던 것이다. 의자왕이 간언을 하는 충신은 멀리하고 듣기 좋은 말을 해주는 간신의 말만 듣는, 망국의 지름길에 들어섰다는 것을 단적으로 보여주는 일화이다.

660년 기어이 신라가 당나라와 함께 백제에 쳐들어왔다. 소정방(蘇定方)을 사령관으로 한 13만 명의 당나라군과 5만 명의 신라군이었다. 의자왕과 신하들은 어찌 해야 할지 몰라 갈팡질팡했다. 이때 누군가 귀양 가 있는 좌평 흥수(興首)에게 물어보자고 하였다. 흥수는 성충과 비슷한 말을 했다.

"당나라 군사는 숫자가 많고 군대의 기율이 엄숙하고 확실하며, 게다가 신라와 더불어 앞뒤로 작전을 함께 펼치니 평탄한 벌판이나 너른 들에 진을 치고 상대하다가는 승패를 장담할 수 없을 것입니다. 그런데 기벌포와 침현은 백제의 요충지로서, 이곳에 한 사람이 창 한 자루만 들고 있어도 만 명이 이를 당해내지 못할 것이니 날랜 군사를 가려 뽑아서 그곳에 보내 지키게 하소서. 그래서 당나라 군사가 백강(금강)에 들어오지 못하게 하고 신라 군사는 침현을 넘지 못하게 해야 합니다. 또 대왕께서는 성문을 겹겹이 닫아걸고 굳게 지키면서 그들의 물자와 군량이 떨어지고 군사들이 피로해지기 기다렸다가 떨쳐 일어난다면 그들을 처부술 수 있을 것입니다."

-『삼국사기』 백제본기 의자왕편 660년

하지만 대신들은 이 말을 믿지 않았다. 오히려 흥수의 말과 반대로 백강과 침현으로 두 나라 군대를 끌어들이자고 했다.

"흥수는 오랫동안 감옥에 갇힌 몸이라 임금을 원망하고 나라를 사랑하지 않을 것이니 그의 말을 믿으면 안 됩니다. 차라리 당나라 군사로 하여금 백강에 들어와 강을 따라 배를 나란히 할 수 없게 하고 신라군도 침현에 올라 좁은 길 때문에 말을 나란히 할 수 없게 하는 편이 낫습니다. 이때 우리가 군사를 풀어 그들을 친다면 마치 조롱에 든 닭과 그물에 걸린 고기를 잡는 일이나 같을 것입니다."

-『삼국사기』 백제본기 의자왕편 660년

의자왕은 이 말을 받아들였다. 그런데 일은 대신들의 생각처럼 되지 않았다. 나당 연합군이 백강과 침현을 뚫고 지나쳐버린 것이다. 적의 군사들이 사비성으로 오고 있다는 말을 들은 의자왕은 계백(階伯) 장군에게 결사대 5천 명을 데리고 황산벌(충남 연산)로 나가 싸우게 하였다. 계백은 망해가는 백제의 또 하나의 충신이었다. 그는 전장으로 떠나기 전 엄청난 결단을 내렸다.

"당나라와 신라의 대군을 맞았으니 이 나라의 존망을 알 수 없다. 내 처자식이 적들에게 잡혀 노비가 될까 두렵구나. 살아서 욕을 당하느니 차라리 장쾌하게 죽는 것이 나으리라."

계백이 출정 전 처자식을 죽인 것을 잘 했다 하고 싶은 생각은 없다. 살든 죽든 그것은 각자의 자유 의지에 달린 것이고 처자식이 자신의 소유물도 아닌데 자기만의 생각으로 죽여 버린 것은

• 충남 논산의 계백 장군 사당 충장사. 그가 5,000명의 결사대를 이끌고 죽을 힘을 다해 백제를 지키려 싸웠던 황산벌 부근에 세워져 있다.

온당치 못하다. 또 이런 극단적인 행동은 이미 패배를 전제로 한 것이다. 그의 이런 행동은 오히려 군사들의 사기를 떨어뜨릴 수 있었다는 것이다. 어쨌든 나라를 위한 그의 의기만을 높이 살 뿐이다.

계백에게 주어진 군사는 5,000명이었고 상대해야 할 신라군은 5만 명이었다. 그는 군사들에게 다음과 같이 말했다.

"옛날 월나라의 왕 구천(句踐)은 5,000명의 군사로 오나라의 70만 군사를 쳐부쉈다. 오늘 우리는 각자가 가진 용기를 다해 승리를 쟁취하여 나라의 은혜에 보답하리라."

하지만 5,000명의 결사대는 결국 나라의 은혜에 보답하지 못했다. 아니 처음 몇 차례는 백제군이 승리하는 것 같았다. 열 배나 되는 머릿수를 가지고도 적을 이기지 못한 신라군의 사기는 점점 더 떨어졌다. 그때 신라의 귀족들은 화랑이었던 자신의 아들들을 죽음으로 몰아넣어 사기 진작의 제물로 삼았다.

김흠춘(金欽春)의 아들 반굴과 김품일(金品日)의 아들 관창. 그들의 나이는 16~17세 정도였다. 화랑으로 훈련을 받았다고는 하지만, 또 당시의 소년들은 지금보다 더 일찍 어른스러운 행동을 했다지만 그래도 전장은 그들에게 몸서리치게 두려운 곳이었을 것이다.

어른들이, 특히 아버지들이 뭐라고 이 어린 소년들에게 감언이설(甘言利說)을 했는지는 모르지만 어쨌든 그들은 창을 들고 적진으로 나아갔다.

처음 사로잡힌 관창을 본 계백은 깜짝 놀랐다.

"신라에는 빼어난 인물이 많구나. 소년조차 이러하거늘 하물며 장사들이야 어떠하겠는가!"

그는 관창의 용맹함을 가상히 여겨 살려서 돌려보냈다. 그런데 그의 아버지는 다시 아들을 적진으로 내몰았다. 아직 그들이 원하는 결과를 얻지 못했기 때문이다. 계백은 다시 쳐들어온 관창의 목을 베고 말 안장에 시신을 매달아 신라 진지로 보냈다. 김품일은 아들의 머리를 들고 소매로 피를 닦아주며 말했다.

"내 아들 얼굴 모습이 살아 있는 듯하구나. 나라의 일에 훌륭하게 죽었으니 죽어도 죽은 것이 아니다."

정말 관창은 죽은 것이 아니었다. 그의 이름이 모든 신라군의 가슴에 살아 숨 쉬게 되었기 때문이다. 신라군의 사기는 하늘을 찌를 듯 솟구쳤다. 그것이 바로 김품일이 아들을 희생시켜서라도 얻고자 했던 바였다. 신라군은 삽시간에 5만 명의 결사대로 변했

● 황산벌 계백 장군 묘소 근처에 세워진 백제군의 진지. 이곳이 무너지자 백제는 더 이상 적을 당해낼 수가 없었다.

다. 양쪽이 다 결사대라면 수가 많은 쪽이 이기게 되어 있다. 계백은 이 전투에서 끝까지 싸우다 전사하였다.

사비성까지 다다르는 길이 다 뚫려버린 백제는 더 이상 적을 당해낼 수 없었다. 의자왕은 태자 효를 데리고 웅진성(충남 공주)으로 달아나고 둘째 아들 부여 태가 왕이 되어 사비성을 지켰다. 사비성에 남아 있던 태자의 아들, 즉 의자왕의 손자인 문사는 또 다른 삼촌 부여 융에게 말했다.

"대왕께서 아버지와 함께 웅진으로 가버렸고 숙부가 마음대로 왕 노릇을 하고 있으니 당나라 군사가 포위를 풀고 가버려도 숙부가 우리를 역적으로 몰 테니 안전할 수 없을 것입니다."

적이 코 앞에 와 있는데 자기의 안위만 걱정한 문사는 측근들과 밧줄을 타고 몰래 성을 빠져나갔다. 그 소식을 듣고 백성들도 성을 버렸다. 그 틈에 당나라의 소정방이 사비성을 빼앗아버렸다. 물론 잠시 왕이 되었던 부여 태도 항복할 수밖에 없었다. 웅진성으로 도망간 의자왕과 태자도 성문을 열고 나와 항복했다. 이로써 백제는 건국 678년 만에 왕조의 문을 닫게 되었다.

• 충남 부여의 낙화암. 백제의 여러 궁녀는 "차라리 자살할지언정 남의 손에 죽지 않으리라." 라며 이곳에서 강으로 몸을 던졌다고 한다.

이후 의자왕을 비롯한 왕족과 대신들을 포함하여 1만여 명이 중국 뤄양으로 끌려갔다. 백제의 마지막 날 여러 궁녀가 "차라리 자살할지언정 남의 손에 죽지 않으리라."라며 낙화암에서 떨어져 죽었다는 얘기는 『삼국유사』에 실려 있다.

당나라는 백제 땅에 웅진도독부라는 관청을 만들고 자기네 영토처럼 다스리려 했다. 그때 백제의 왕족과 장수 중에는 아직 끝나지 않았다고 생각한 사람이 많았다. 그들은 부흥 운동을 펼쳤다. 망국을 주로 다루는 이 책에서 부흥 운동을 거론하는 이유는, 백제의 경우 그 규모가 컸고 부흥 운동의 과정에서도 고질적인 망국의 코드를 다시 드러냈기 때문이다.

처음 부흥 운동에 나선 사람은 무왕의 조카인 복신(福信)이다. 그는 주류성(충남 한산)에서 승려 도침과 협력하여 유민들을 끌어 모았다. 복신은 상잠 장군, 도침은 영군 장군이라 스스로 일컬으며 왜에 구원군을 보내줄 것을 요청하였다. 의자왕이 항복한 지 석 달만이었다. 당시 의자왕의 아들인 부여 풍이 왜에 가 있었는데 복신은 그가 돌아오면 백제 왕으로 추대하겠다고 하였다.

그때 왜는 사이메이(齊明)라는 여왕이 다스리고 있었다. 복신의 요청을 받은 사이메이 여왕은 군사를 모으고 몸소 북 큐슈 지방에 가서 원군을 준비시켰다. 그러나 미처 출발도 하기 전에 사이메이 여왕이 세상을 떠났다. 나중에 텐지(天智) 왕이 되는 나가노에(中大兄) 세자는 어머니의 장례를 치른 후 663년 출병에 나섰다. 400여 척의 배와 2만 7,000명의 군사를 거느린 대원정이었다. 왜가 이렇게 백제 돕기에 적극적으로 나선 이유는 당나라가 백제를 비롯한 한반도의 모든 나라를 다 점령하고 왜까지 넘볼 것을 우려했기 때문이다.

부여 풍은 출병 서너 달 전에 먼저 백제로 돌아왔다. 일단 왜의 구원군 5,000명을 데리고 왔다. 사기가 오른 부흥군은 한때 전세를 역전시키기도 했다. 당나라 군대를 몰아내기 위해 부흥군은 웅진성을 공격했다. 그리고 신라와의 통로를 끊어 당나라 군대를 고립시켰다.

전세가 조금 나아졌다 싶으니까 부흥군에게 또 다시 "이 정도면 되었겠지."의 병이 찾아왔다. 내부에 분란이 생겨 복신이 도침을 제거해버린 것이다. 복신과 부여 풍 사이에도 서서히 금이 가기 시작했다. 일단 복신은 구원군 본대가 오면 주도권이 부여 풍에게 돌아갈 것을 두려워했다. 그래서 본대의 출발을 조금 미뤄달라고 요청하기도 했다.

사실 복신에게는 그런 생각을 하고 있을 겨를이 없었다. 당시 당나라 군대가 사비성과 웅진성에 고립되어 있었기 때문에 당나라의 지원군이 오기 전에 빨리 그들을 쳐서 백제 땅에서 몰아내야 했다. 그런데 복신은 엉뚱한 생각을 하고 있었던 것이다. 왜의 구원군이 온다니까 그걸로 다 해결된 것이라 생각한 것이다.

만일 왜군이 백강을 거슬러 올라가 부흥군과 합류를 하여 당나라 군대에 맞섰다면 두 성을 다시 찾을 수 있었을지도 모른다. 그런데 복신은 왜군이 사비성 쪽으로 들어오는 것을 막았다. 그러는 동안 당나라의 구원군 7,000명이 도착한 것이다. 더 이상 참을 수 없었던 부여 풍은 복신을 잡아 죽였다.

복신을 제거하고 난 부흥군의 상황은 더 형편없어졌다. 일단 군사들의 사기가 떨어졌고 적절한 반격의 시기를 놓쳐 이미 전세가 불리해져 있었다. 신라군의 공격으로 부흥군의 근거지인 주류성이 위기에 빠진 것이다. 선제 공격의 기회를 잃은 왜군은 주류성이라도 구해보고자 백강 입구로 향했다. 그런데 그곳에는 당나라 수군이 기다리고 있었다. 이곳에서 왜군은 당나라 군대에 크게 패하였다. 왜선 400여 척이 불타 그 연기가 하늘을 덮고 바닷물은 핏빛으로 물들었다. 동원된 왜선이 400여 척이었으니 거의 전멸된 것이라 할 수 있다. 결국 부여 풍도 고구려로 도망가고 주류성은 당나라의 손으로 넘어갔다. 임존성을 근거지로 패잔병 3만여 명을 모아 부흥 운동을 이끌던 또 한 명의 장수 흑치상지도 더 이상 버텨내지 못하고 항복하였다. 이때 백제 사람들은 "주류가 항복하였다. 일을 어찌할 수 없다. 백제의 이름은 오늘로 끊겼다."라고 한탄했다고 한다.

3년 동안이나 이어졌던 백제의 부흥 운동은 그나마 백제 사람

• 충남 예산의 임존성. 이곳을 근거지로 끝까지 저항하던 흑치상지는 주류성이 무너졌다는 소식을 듣고 성에서 내려와 항복하고 말았다.

들의 숨은 힘을 보여주는 것 같았다. 또 우리 역사상 세 번밖에 없는, 한·중·일 삼국이 한데 엉킨 전쟁을 불러왔을 정도로 치열했다는 것도 가슴에 남는다(나머지 두 번은 임진왜란과 청일전쟁). 역사에서의 가정이 의미 없다고 하지만 만일 부흥군이 끝까지 긴장의 끈을 놓지 않고 지도자들이 서로 힘을 합했더라면 백제는 그 후로도 한참 그 이름을 유지했을지 모른다. 그런데 부흥군은, 아니 복신은 너무 일찍 샴페인을 터트렸다. 그리고 그 샴페인을 자기 혼자 마시겠다고 욕심을 부리다가 파멸에 이른 것이다.

스포츠 경기에서도, 예선에 통과할 만큼만 적당히 힘을 들이다가 예선에서조차 떨어지는 경우를 볼 수 있다. 예선전에서도 확실하게 1위를 차지해야 그 기세를 몰아 본선에서도 승리할 수 있다. 예선에서 여유를 부리다가는 허둥지둥 경우의 수를 따져야 하는 상황에 이르고 만다. 적이 살아 숨쉬는 한 적당한 승리는 없다. 이길 수 있을 때 확실하게 이겨놓아야 진짜 여유를 얻을 수 있다. 설 이긴 것은 진정한 승리가 아니다.

•제2장•

나 아니면 절대 안돼

-고구려의 망국

고구려의 망국에 대해 살펴보려면 연개소문(淵蓋蘇文)의 이야기를 빼놓을 수 없다. 그런데 연개소문에 대한 평가는 역사책에 따라 상반된 양상을 보인다. 현존하는 가장 오래된 우리 역사책인 『삼국사기』에는 아예 그가 '흉포하고 잔인한 역적'으로 표현되어 있다. 쿠데타를 일으킨 후에는 안하무인으로 백성들을 괴롭혔다고도 기록되어 있다.

> "연개소문이 전국을 호령하며 나랏일을 제멋대로 하는데 위엄이 있었으며 몸에 칼을 다섯 자루나 차고 있어 사람들이 두려워 감히 쳐다보지 못했다. 말에 오르내릴 때에는 다른 귀족이나 무장들을 땅에 엎드리게 하여 발판으로 삼았고, 행차할 때 앞에서 인도하는 자가 긴 소리로 외치면 사람들이 달아나며 몹시 괴롭게 여겼다."
>
> -『삼국사기』 열전

일연 스님은 『삼국유사』에, 연개소문이 수나라의 충신 양명(羊皿)의 환생이라고 써놓기도 했다. 수양제가 고구려를 침략했다가 크게 패하고 퇴각할 때 "내가 천하의 주인이 되어 친히 조그만 나라를 치려 했는데 이를 이루지 못하니 만대에 웃음거리가 되었다."라며 한탄하자 양명이 이렇게 말했다고 한다.

"신이 죽어 고구려의 대신이 되어 기어코 나라를 멸망시켜서 황제의 원수를 갚겠습니다."

그 후 양명이 고구려에 태어났는데 총명하고 용감하니 고구려의 영류왕이 신하로 삼았다는 이야기이다. 이런 이야기의 근거는 '羊皿(양명)' 두 글자를 합하면(盖) 연개소문의 '개(蓋)' 자와 비슷하게 된다는 점이다. 『삼국유사』는 이렇게 연개소문이 고구려를 망하게 하려고 태어난 사람이라 여겨버렸다.

하지만 연개소문이, 유럽까지 그 위세를 떨친 당나라와 호시탐탐 북쪽으로 세력을 넓혀가려는 신라 사이에 고립된 상태에서도 당당하게 고구려의 자존을 지킨 영웅이라는 주장도 있다. 연개소문이 살아 있을 때는 당나라가 고구려에 한 발짝도 들여놓지 못했다고 한다. 그런데 변방의 조그만 나라 고구려를 이기지 못한 것을 수치스럽게 여긴 당나라 역사가들이 연개소문의 사망 연도까지 바꿔가며 이 사실을 감추려 했다는 것이다. 그런데 사대주의에 빠진 우리의 역사가들은 그 중국의 역사를 그대로 베껴 역사책을 만들었고 지금 우리는 그걸 믿고 있는 것이다.

어차피 연개소문에 대한 평가가 엇갈리므로 이 책에서는 연개소문이 영웅이었다는 쪽에 표를 던졌다. 우리 역사에 단 한 명이라도 더 영웅을 남겨두고 싶기 때문이다.

물론 여기서 중요하게 다루고자 하는 것은 연개소문이 반역자냐 영웅이냐 하는 문제가 아니다. 연개소문 살아 생전에는 당태종의 막강한 침략 의지도 다 막아낸 고구려가 연개소문이 죽은지 불과 2~3년 만에 허망하게 망해버렸다는 바로 그 사실이 중요하다. 역사 교과서에는 그의 아들들이 권력 다툼을 하여 고구려가 망국에 이르렀다고 쓰여 있다. 그런데 그보다 더 근본적인 원인이 있다. 그것은 연개소문이 제대로 된 후계자를 키우지 못한 채 용렬한 자식들과 책임감 없는 동생만 남기고 대책 없이 세상을 떠났다는 것이다.

그렇다면 천하의 연개소문은 왜 그런 과오를 저질렀을까? 그것은 자신만이 모든 일을 할 수 있다고 생각했기 때문이다. 연개소문의 생전에 아들 셋이 조정의 고위 직급을 맡을 수 있을 정도로 장성했는데 그는 자신이 죽은 후의 후계 구도를 확실하게 준비해 놓지 않았다. 후계자를 지목했다 하더라도 제대로 교육을 시키지 않았던 것이다. 그래서 연개소문이 죽었을 때 아들들은 당황하고 혼란스러워 했다.

아들들뿐만 아니다. 그는 다른 신하들도 인재로서 키우지 않았다. 그래서 아들들이 그의 자리를 이어받았을 것이다. 일부 역사가들이 그를 독재자라고 부르는 이유도 그런 점에 있다. 연개소문은 모든 일을 독단적으로 처리했다. "나 아니면 절대 안돼."라는 생각을 철저하게 가지고 있었던 것이다.

아무리 강하고 똑똑한 사람도 언젠가는 그 자리를 떠나야 할 때를 맞이한다. 그때를 대비하여 다른 사람들과 일을 나눠놓지 않으면 그 자리가 비었을 때 남은 사람들은 혼란을 겪게 된다. 이런 혼란은 사회의 커다란 낭비 요소가 되고 그 혼란을 끝내 잠재우지 못할 경우 고구려처럼 망국에까지 이르게 된다.

웬만해서는 특정한 한 사람 아니면 절대 안 되는 일은 없다. 정보를 알려주고 노하우를 전수해주고 실전에 임해볼 수 있도록 기회를 제공해주면 '나'보다 더 잘 하는, 아니 최소한 '나'만큼은 하는 사람은 충분히 찾을 수 있다. 또 그렇게 해야 힘을 모을 수 있다. "백짓장도 맞들면 낫다."라고 하는데 맞들어 줄 사람을 찾지는 않고 혼자서 끙끙대는 것은 어리석은 태도이다. 대개의 경우 그 어리석은 태도는 오만에서 나온다. 결국 자기가 가장 잘났다는, 그래서 자기 아니면 안 된다는 그 생각이 파멸을 불러오는 것이다.

많은 나라가 망하기 몇 십 년 전부터 망국의 조짐을 보인다. 기울 대로 기울어 더 이상 내려갈 곳이 없을 때 나라의 문을 닫는 것이다. 그런데 고구려는 망하기 2~3년 전까지, 즉 연개소문이 살아 있을 때까지 아주 당당하고 건재했다. 물론 제20대 장수왕 이후 몇몇 왕 재위 동안 왕권이 약해져서 귀족들이 제멋대로 나랏일을 처리하는 모습을 보이기는 했다.

하지만 평강공주의 아버지로 잘 알려진 제25대 평원왕 이후부

• 충북 충주 미륵리사지의 온달장군 공깃돌. 평원왕의 사위인 온달장군이 신라와 싸우기 위해 이곳에 이르러 이 돌로 힘자랑했다는 이야기가 전해진다.

터는 고구려가 다시 왕을 중심으로 힘을 모으기 시작했다. 평원왕은 즉위 다음해에 귀족들을 거느리고 졸본에 있는 시조묘(始祖廟)에 참배했다. 그곳은 시조 주몽을 모신 사당이다. 고구려의 왕실은 주몽의 후예로서 '천제의 아들'과 '하백의 외손'으로부터 내려온 성스러운 혈통임을 귀족들에게 과시한 것이다.

평원왕의 적통을 이은 제26대 영양왕도 25년 동안 태자로서 제왕의 수업을 충실히 받은 준비된 왕이었다. 고구려 망국의 이야기는 이 영양왕부터 시작된다.

590년 영양왕이 즉위했을 그 무렵 수나라가 중국을 통일했다.

영양왕 8년에 수나라의 첫 번째 황제 문제(양견)는 모욕적인 국서를 고구려에 보내왔다.

"…… 왕(영양왕)이 이미 짐의 신하이니 짐의 덕을 본받아야 하는데, 말갈을 괴롭히고 거란을 가두어 왕의 신하로 만들고 짐에게 인사하러 오는 것을 막으니 어찌 이같이 해독이 심하냐? …… 고구려가 비록 땅이 좁고 백성이 적지만 이제 왕을 내쫓고 다른 관리를 보낼 것이다. 그러나 왕이 만일 마음을 고쳐 행실을 바꾸면 곧 짐의 좋은 신하이니 어찌 다른 관리를 두랴. 왕은 잘 생각하라. 요수가 넓다 한들 장강(양쯔강)에 비하며 고구려 군사가 많다 한들 수나라에 패배한 진국(陳國)에 비하랴. 짐이 만일 너희를 기를 생각을 하지 않고 왕의 허물을 꾸짖으려면 장수 하나만 보내면 되고 무슨 큰 힘이 들이겠는가만 그래도 순순히 타일러 왕이 스스로 새로워지기를 바란다."

-『삼국사기』 고구려본기 영양왕편 590년

영양왕은 이 글을 읽고 크게 분노하며 대신들과 머리를 맞대고 어떤 답장을 보낼 것인가를 의논했다. 그때 강이식(姜以式)이라는 신하가 나서서 말했다.

"이같이 오만하고 무례한 글에는 붓으로 답장할 것이 아니라 칼로 회답해야 할 것입니다."

영양왕은 강이식을 병마원수로 삼고 5만 명의 정병을 줘서 지금의 베이징 남쪽에 있던 임유관을 지키게 했다. 그리고 자신은 말갈 군사 1만 명을 데리고 랴오시 지방을 공격했다. 수나라에 대한 고구려의 선제 공격이 시작된 것이다. 영양왕이 자신의 친위부대나 정병이 아닌 말갈 군사를 동원한 것은 이 전투에서 이겨야겠다는 생각보다는 이를 미끼로 수나라 군대를 끌어내겠다는 속셈을 가지고 있었기 때문이다. 또 선제 공격을 한 것은 국내에 전시 체제를 구축함으로써 왕의 깃발 아래 국력을 결집하기 위함이었다.

아니나 다를까 수문제는 30만 대군을 일으켜 고구려를 공격했다. 이것이 수나라와의 제1차 전쟁이다. 선제 공격을 당했다는 사실이 통일 제국 수나라의 자존심을 크게 건드렸다. 그런데 고구려는 이미 그들의 공격에 대비하고 있었다. 강이식이 수군을 거느리고 바다로 나가 맞서 싸우고 육지의 각 성에는 지키기만 하고 나가 싸우지 말라고 명령을 내렸다. 전쟁이 길어지자 수나라 군대에서는 군량이 떨어지고 장마에 전염병까지 돌아 수많은 군사가 죽어나갔다. 결국 수나라군은 후퇴하게 되었고 강이식은 이들을 뒤쫓아 거의 전멸시키고 수많은 무기를 거둬들였다. 이 전쟁에 대해 중국의 역사책 『수서』에는 다음과 같이 쓰여 있다.

"군사들이 장마에 전염병을 만났고 수군은 풍랑을 만나 퇴각하였는데 죽은 자가 열에 아홉이었다."

그들은 고구려에 진 것이 아니라 예기치 못한 자연 현상 때문에 퇴각한 것처럼 써놓았다. 뿐만 아니다. 영양왕이 수나라 대군이 두려워 사죄의 글을 보내왔다며 다음과 같이 쓰기도 했다.

"원(영양왕)도 두려워 사죄하고 표문(신하가 자신의 생각을 임금에게 적어 올리는 글)을 올렸는데,'랴오둥의 썩은 흙과 같은 신하 원(元)'이라고 자신을 표현하여서 이에 고조(수문제)는 군사를 거둬들이고 과거와 같이 대우하였다."

-『삼국사기』 고구려본기 영양왕편 597년

하지만 이들이 돌아간 음력 9월은 장마가 닥칠 시기가 아니다. 자신들의 체면을 살리기 위해 절후까지 바꾸어 역사를 왜곡한 것이다. 또 장마와 풍랑, 전염병만으로 군사의 90%가 죽을 수는 없다. 정리하자면 고구려는, 1만 명의 말갈 군사로 도발하여 수나라 대군을 끌어낸 후 고구려 영토에 들어올 때까지 기다리지 않고 접경 지대에서 기습 공격하여 적을 물리친 것이다. 수나라는 그 사실을 덮으려 역사를 왜곡한 것이다.

그 무렵 백제에서는 다시 고구려를 공격하자고 수나라에 제의했다. 자기들이 고구려로 가는 길을 잘 알고 있으니 길잡이를 하겠다고 나선 것이다. 그런데 수문제는 "고구려가 죄를 자복하여 내가 이미 용서했으니 할 수 없다."라며 백제의 제의를 거절했다. 이 소식을 들은 영양왕은 곧바로 백제를 응징했다. 고구려는 백제의 그런 행태를 그대로 놔둘 수 없었다. 백제와 신라의 국경을 단단히 막아놓지 않으면 언제라도 있을 수나라와의 전면전 때 백제나 신라가 배후를 공격해 고구려를 위기에 빠트릴 수 있기 때문이다.

고구려는 수나라, 신라, 백제 등 각기 다른 방향에 있는 세 나라

• 충북 충주의 하늘재. 156년에 개통된 우리나라 최초의 인공 고갯길로, 고구려와 신라가 서로의 나라를 침략할 때 넘나들던 군사 요충지였다.

를 상대해야 했지만 전혀 위축되지 않았다. 오히려 신라와 백제가, 고구려의 침략에 나라가 피폐해져 견딜 수 없다며 제발 고구려를 공격해달라고 수나라를 종용했다.

영양왕이 한반도 내부의 전선을 단속하고 있을 무렵 수나라에는 치열한 정권 다툼이 벌어지고 있었다. 604년 수문제가 자신의 아들 양광에게 시해된 것이다. 아버지를 죽이고 황제가 된 양광은 수나라의 두 번째며 마지막 황제가 된 수양제이다.

즉위 후 수양제는 뤄양에 신도시를 만들고 전국을 효율적으로 통치하기 위해 뤄양과 베이징을 잇는 3천 리 길이의 대 운하를 만들었다. 또 북쪽의 돌궐을 압박하여 돌궐 왕이 수도 장안에 입조하도록 하였다. 돌궐까지 손에 넣고 나니 수나라는 자신들이 하늘 아래서 가장 강대한 나라로 여겨졌다. 그런데 그런 생각에 찬물을 끼얹는 유일한 나라가 바로 고구려였다. 고구려는 대륙 안에서 수나라에 조공하지 않은 유일한 나라였던 것이다. 그러니 무공이 뛰어나지만 허세가 강한 수양제는 고구려 정벌에 대한 미련을 잠시도 잊을 수 없었다.

수양제는 고구려가 신하로서의 예를 갖추기를 끊임없이 요구했다. 607년 수양제가 몽골 지역에 있는 돌궐족 왕 계민가한(啓民可汗)을 방문한 일이 있다. 거기서 우연히 고구려 사신과 마주치게 되었다. 그 사신은 수나라를 압박하기 위해 돌궐족에 연합할 것을 제의하기 위해 파견된 사람이었다. 이때 수양제가 그 사신에게 강력하게 말했다.

"나는 계민이 성심으로 나를 받들기에 친히 여기까지 온 것이다. 너는 돌아가는 날로 너희 왕에게 말해라. 일찌감치 나에게 와서 절하고 스스로 의심하거나 두려워하지 말라. 계민에게 하는 것과 마찬가지로 돌봐줄 것이다. 만일 입조(入朝, 속국이나 외국 사신 등이 황제를 알현하는 일)하지 않는다면 장차 계민을 거느리고 직접 너희 나라로 가서 돌아볼 것이다."

-『삼국사기』 고구려본기 영양왕편 607년

• 경기 연천의 호로고루 성. 고구려가 임진강 가에 현무암으로 쌓은 성으로, 성벽이나 목책의 방향은 방어를 위한 시설이었음을 말해준다.

이런 협박을 받고도 영양왕은 외눈 하나 깜짝하지 않았다. 입조는커녕 답변을 위한 사신도 보내지 않았다. 심지어는 수나라 사신이 신라와 백제로 다니는 길조차 막아버렸다. 약이 올라 견딜 수 없었던 수양제는 611년 직접 고구려 침공에 나섰다. 제2차 전쟁이 시작된 것이다.

침공에 앞서 양제는 고구려를 침공해야 하는 이유를 담은, 장문의 교서를 발표하였다.

"고구려의 보잘 것 없는 무리가 사리에 어둡고 공손하지 못해 랴오둥과 예맥의 땅을 자주 침식해왔도다. …… 지난 시대에는 물고기와 새떼처럼 시냇물과 덤불숲에 모이더니 지금에 와서는 실로 번창하여 우리 중화의 땅을 흘깃거리며 일부를 잘라내어 오랑캐로 만드는도다. 해가 지나 세월이 흐를수록 죄악을 쌓이고 넘쳤으며 하늘의 이치는 사악한 이에게 재앙을 내리는 것이니 패망할 징조는 이미 그 기미를 드러냈다. …… 사신을 보내 이른 엄명을 한 번도 직접 받은 적 없고 입조해 알현하는 예의를 몸소 치르는 것도 달가워하지 않았다. …… 지난 날 가벼이 토벌한 탓에 금세 하늘의 그물을 빠져나갔으며 이미 앞서 사로잡았을 때 죽이지 않고 너그러이 놓아주었고 항복했을 때는 곧바로 처단하지 않았건만 은혜는 생각하지 않고 죄악만 기르더니 급기야 거란과 합세하여 바다의 수비병을 죽이고 말갈을 시켜 랴오시를 침범하였다. …… 조공하는 보배들을 탈취하고 왕래하는 길을 가로막아 끊으며 무고한 이들까지 학대하고 성실한 이들에게까지 화를 입히고 있도다. …… 길을 틀어막고 사신을 거절하여 임금을 섬기려는 마음이 없으니 어찌 신하의 예의라 할 것인가? 이러한 것을 참을 수 있다면 무엇을 용인하지 못하랴? …… 이에 나는 낭떠러지에 내몰린 위태로운 백성들을 구원하고 하늘의 뜻에 화합하고 복종하여 이 달아나는 역적을 무찔러 반드시 선조의 큰 가르침을 이을 것이다. ……"

-『삼국사기』 고구려본기 영양왕편 611년

이때 수양제가 동원한 군사의 수는 113만 3,800명이나 되었다. 보급 부대까지 합하면 3~400만이 되는 대군이었다. 이들이 출발하는 데만도 40일이 걸렸다고 한다. 이 많은 수의 군대가 전쟁에 나설 때 가장 문제가 되는 것은 군량의 조달이다. 수나라는 병사들에게 각 100일분의 식량과 함께 갑옷, 짧은 창, 긴 창, 옷가지, 전투 기자재 등을 지급했다. 그 무게가 병사마다 쌀 세 가마니를 짊어진 만큼이 되었다. "곡식을 버리는 자는 죽일 것이다."라고 엄포를 놓았지만 군사들은 몰래 구덩이를 파고 묻어버렸다. 그래서 겨우 중간쯤 진군을 했을 때 이미 군량이 다 떨어지게 되었다. 이런 상황에서는 군사들이 사기를 절대 올릴 수 없다. 머리수만 늘려 100만 대군이지 수나라 군사들은 굶주린 오합지졸에 지나지 않았다.

이때 수나라의 장수는 우문술과 우중문이었고 고구려에서는 을지문덕이 활약하였다. 수나라의 두 장수는 선발대로 정예부대 30만 명을 데리고 평양성 근처까지 왔다. 을지문덕은 거짓 항복을 하고 수나라 군진에 가서 동태를 살폈다. 군사들이 굶주리는 상황을 보고 돌아온 을지문덕은 싸우다가 도망치고 싸우다가 도망치고를 반복했다. 군사들을 지치게 만들 심산이었다. 이 무렵 을지문덕은 그 유명한 '수나라 장수 우중문에게 보내는 시(與隋將于仲文詩)'를 지어 적진에 보냈다.

그대의 신통한 계책은 하늘의 이치를 꿰뚫었고(神策究天文)
그대의 기묘한 계략은 땅의 이치에 이르렀다(妙算窮地理).
전쟁에 이겨 그 공 이미 높으니(戰勝功旣高)
만족함을 알고 돌아감이 어떠할까(知足願云止).

이 시로 우중문을 약 올린 후 다시 "만약 군사를 거두어 돌린다면 마땅히 왕과 함께 황제를 뵈러 가겠다."라고 거짓 항복을 하자 지친 우문술은 이 제안을 받아들여 군사를 돌렸다. 그런데 을지문덕은 살수의 둑을 터뜨려 퇴각하는 수나라 군사들을 섬멸했다. 정예부대 30만 명 중 살아 돌아간 수는 2,700명에 불과했다고 한다.

그 다음해 수양제는 다시 고구려 정벌에 나섰다.

"고구려와 같이 하찮은 오랑캐가 상국을 업신여기며 거들먹거리고 있다. 지금 우리는 바다를 둘러엎고 산을 옮겨놓는 일조차도 해낼 수 있을 것이거늘 하물며 이따위 오랑캐에 있어서랴."

수양제는 정벌을 말리는 신하들을 이렇게 설득했다. 제3차 전쟁에 나선 수나라 군대는 랴오둥 성을 포위했지만 좀처럼 함락시킬 수 없었다. 그래서 성 밖에 흙 포대를 쌓고 성벽보다 높은 수레를 만들어 성 안으로 활을 쏘고 여러 가지 수단을 동원했지만 말 그대로 난공불락(難攻不落)이었다. 그런데 그때 수나라의 수도 장안에서 급한 전갈이 왔다. 예부상서 양현감이 반란을 일으켰다는 것이다. 수양제는 그날 밤으로 군사를 돌렸다.

또 그 다음해인 614년 수양제는 네 번째로 전쟁을 일으켰다. 이미 수나라 내부에는 고구려 정벌을 반대하는 목소리가 높아져 있었다. 무리한 군사 동원과 운하 건설로 인해 수나라의 국력도 많이 쇠약해져 있었다. 이때 영양왕이 사신을 보내 화친을 제의했다. 자기네 나라 안도 제대로 수습하기 어려웠던 수양제는 못 이기는 척 그 제의를 받아들였다.

자존심이 상한 수양제는 영양왕에게 입조하라고 다시 한번 명령했다. 영양왕은 다시 그 명령을 무시했다. 하지만 수나라는 이미 고구려를 응징할 기력도 뜻도 다 잃은 후였다. 결국 수나라는 국력의 쇠진을 극복하지 못하고 나라의 문을 닫아야 했다. 618년 수양제는 피살되었고 이로써 수나라가 몰락했다.

바로 뒤이어 농민 반란에 합세했던 귀족 이연이 당나라를 세웠다. 그로부터 6개월 후 고구려에도 큰 변화가 있었다. 당당하고 꿋꿋하게 수나라의 침략을 막아낸 위대한 군주 영양왕이 세상을 떠나고 그의 이복동생이 왕위에 올랐다. 그 사람이 제27대 영류왕이다.

당나라를 세운 고조(이연)는 고구려에 사신을 보내 화친을 제의했다. 당나라 내부의 정리가 아직 마무리되지 않았기 때문이다. 또 수나라를 멸망에 이르게 한 고구려에 대한 두려움도 컸다. 그 두려운 마음을 다음과 같이 표현하기도 했다.

"고구려는 수나라에 신하라고 칭했지만 끝내 수양제를 거부하였다. 어찌 이런 신하가 있겠는가? 짐은 만물 중에 공경 받지만 교만해지고 싶지는 않다. 다만 내 영토 안에서 모든 백성이 편안히 살 수 있도록 힘쓸 뿐이지 어찌 고구려로 하여금 신하라 칭하게 강제하여 스스로 존대를 받겠다고 나서겠는가?"

고구려의 일부 대신들은 당나라가 아직 자리를 잡지 못했을 때 먼저 정벌하여 영토를 확장해야 한다고 주장했다. 그러나 영류왕이 그 주장을 받아들이지 않았다. 신라와 백제가 늘 노리고 있기 때문에 섣불리 중국과 전쟁을 하는 것은 위험하다는 것이었다.

• 경기 양주의 독바위. 이 바위 정상부에 설치된 고구려의 보루는 남쪽의 나라들이 고구려를 침공하는 것을 막아내기 위해 만들어졌다.

그런데 영류왕은 단순히 후방에 대한 걱정으로 그런 얘기를 한 것이 아니었다. 애당초 온건주의자였던 영류왕은 아예 친당 정책을 계속 이어갔다. 연개소문이 등장한 것은 그 무렵이었다.

연개소문에 대해 나쁘게 평해놓은 『삼국사기』에는 그의 성씨를 연(淵) 씨가 아니라 천(泉) 씨라고 써놓기도 했다. 당시에는 높은 사람의 이름자를 함부로 사용하지 않는 '피휘'라는 풍습이 있었는데 당고조의 이름이 이연(李淵)이라 중국에서는 '淵'자를 피휘한 것으로 짐작된다. 그런데 김부식은 그 중국의 기록을 그대로 베껴 『삼국사기』에도 '천개소문' '천남생' 등으로 써놓은 것이다.

연개소문은 영류왕의 친당 정책에 반대했다. 당시 당나라 내부에서는 황제의 위를 놓고 형제 다툼이 일어났다. 당나라 건국 때 많은 공을 세운, 당고조의 차남인 이세민(李世民)은 자신이 후계자가 될 것으로 기대하고 있었다. 그런데 당고조는 장남 이건성을 후계자로 지목했다. 이에 불만을 가진 이세민과 이건성 사이에 분란이 크게 일어났다. 이 소식을 듣고 연개소문은 다음과 같이 왕에게 간언했다.

"고구려의 우환이 될 것은 신라나 백제가 아니라 당나라입니다. 신라와 백제는 서로 싸우니 우리가 남쪽을 걱정할 필요가 없습니다. 이 틈을 타서 당나라와 결전하는 것이 좋습니다. 당나라는 우리나라와 언제나 함께 하지 못할 나라이니 이것은 지나간 경험을 보아도 분명합니다. …… 저네의 형제가 화목하지 못하여 건성은 세민을 죽이려 하고 세민은 건성을 죽이려 하는데 지금 우리가 저들을 치면 두 무리 중 한쪽은 우리에게 붙을 것입니다. 혹시 그렇지 않더라도 저들은 오랜 전란으로 백성들의 힘이 회복되지 못했으니 반드시 전쟁할 여력이 없을 것입니다. 만일 저들 중 하나가 죽고 다른 하나가 권력을 잡고 군제를 바로잡아 우리나라를 침범하면 땅의 크기나 백성의 많기가 다 저들에 미치지 못하는 고구려가 무슨 수로 저들에 대항하겠습니까? ……"

연개소문은 신라, 백제와 더불어 당나라와 싸우자고도 했다고 한다. 하지만 영류왕과 온건파 신하들은 이 말에 귀를 기울이지 않았다. 신라의 김춘추가 백제의 침략으로 딸을 잃고 원수를 갚고자 고구려에 와서 구원을 청할 때 연개소문은 김춘추에게 "사사로운 원한은 잊고 삼국이 연합하여 당나라를 칩시다."라고 제안했다고 한다. 그런데 신라는 백제에 대해 원수 갚을 궁리만 하느라 이를 듣지 않았다.

결국 이세민이 형을 죽이고 아버지로부터 황제의 자리를 물려받았다. 그가 바로 당태종이다. 당태종은 즉위 초기부터 주변 나라들을 압박하기 시작했다. 영토 확장에 대한 강한 야심을 가지고 있었던 것이다. 이때 백제와 신라가 "고구려가 길을 막아 사신을 당나라에 보내지 못한다."라고 하소연하자 당태종은 이 두 나라와 화친하라고 고구려에게 종용했다. 영류왕은 순순히 이 요구를 받아들였다. 고구려가 당나라를 두려워하고 있다는 것을 눈치챈 신라는 국경을 도발하기 시작했다. 그래도 고구려가 군사력을 남쪽으로 돌리지 못할 것을 알고 있었기 때문이다.

628년 당나라는 동 돌궐을 멸망시키고 돌궐의 왕 힐리가한(頡利可汗)을 사로잡았다. 그리고 고구려에 태자를 입조시키라고 요구하였다. 영류왕은 당나라의 승리를 축하하며 당태종에게 선물을 보냈다. 그런데 그 선물이 바로 고구려의 강역도였다고 한다. 예

• 고구려가 한성 백제를 압박하기 위해 만든 서울 아차산의 보루. 중국과 대적해야 했던 고구려에게 남쪽의 두 나라도 방심할 수 없는 상대들이었다.

나 지금이나 상세한 지도는 군사 기밀에 속한다. 그런데 그런 지도를 당나라에게 바쳤다는 것은 영류왕이 고구려를 통째로 바친 것이나 다를 바가 없었다.

이때 고구려 조정에서는 세자를 입조시킬 것인가 말 것인가의 문제로 강경파와 온건파 사이에 치열한 공방전이 벌어졌다. 하지만 영류왕이 온건파를 지지했기 때문에 대세는 태자 입조의 방향으로 돌아서게 되었다.

640년 영류왕은 기어이 세자 환권(桓權)을 당나라에 보내 조공을 바치도록 했다. 영양왕은 끝까지 조공을 바치지 않으려고 수

차례의 전쟁까지 치렀는데 영류왕은 너무도 쉽게 그 자존심을 내던져버렸다. 더구나 다음 왕위를 이어갈 세자를 보냈다는 것은 완전히 굴욕 외교의 표본이었다.

당나라는 세자 입조에 대한 답례로 진대덕(陳大德)이라는 사람을 보내왔다. 그런데 그는 당나라의 간첩이었다.

"내가 산수를 즐기고 좋아하는지라 여기 경치가 좋은 곳이 있으면 구경하고 싶습니다."

진대덕은 성읍을 수비하는 관리들에게 비단을 선물하며 이렇게 말했다. 관리들은 흔쾌히 그를 안내했다. 진대덕은 고구려의 구석구석을 꼼꼼히 살피고 당나라로 돌아갔다.

영류왕은 당나라와 좋은 관계를 유지하면 나라가 평화로워질 것이라고 생각했다. 하지만 그건 영류왕의 생각이었을 뿐 당나라는 고구려와 그 이남의 나라를 모두 삼키려는 야심을 늘 가지고 있었다. 진대덕의 보고를 들은 당태종은 다음과 같이 말하며 그 야심을 숨기지 않았다.

"…… 수군을 동래로 보내 바닷길로 평양으로 가서 수군과 육군이 합치게 하면 고구려를 빼앗기 어렵지 않을 것이다. 다만 산둥 지역에 전쟁으로 쇠약해진 것이 아직 회복되지 않았으므로 당분간 산둥의 백성들을 수고롭게 하지 않으려는 것뿐이다."

-『삼국사기』 고구려본기 영류왕편 642년

북쪽의 침입에 대비하여 631년에 완성한 천리장성도 영류왕의 작품이 아니다. 영양왕 때 시작한 것을 그때 끝냈을 뿐이다. 연개소문은 천리장성의 축성에 직접 관련 있는 인물이다. 동부대인 대대로였던 연개소문의 아버지 연태조가 축성 작업의 감독이었다. 연태조가 병으로 죽자 연개소문이 그 자리를 이어받은 것이다. 그런데 온건론자들은 이 성을 쌓는 것조차 중단해야 한다고 주장했다. 어차피 당나라와 화해 분위기가 이뤄지고 있는 상황에 성을 쌓느라 국력을 허비할 필요가 없다는 것이었다.

• 강화도 고려산 앞에 있는 연개소문 기념비. 이곳에서 연개소문이 태어났다는 이야기가 전해지고 있다.

이때 연개소문이 강력하게 반발했다. 단지 자신의 일자리가 떨어져나가는 문제가 아니었다. 대당 강경론자였던 연개소문은 이제껏 영류왕의 굴욕적 친당 정책에 더 이상은 참을 수 없는 지경에 이르렀던 것이다. 그런데 적반하장으로 온건론자들이 연개소문을 죽이려 나섰다. 연개소문은 "내가 아니면 고구려를 구할 사람이 없다."라고 생각했다. 그러니 나라를 위해서라도 순순히 목숨을 내놓을 수 없었다.

연개소문을 죽이자는 어전회의의 비밀이 새나가 당사자의 귀에까지 들어갔다. 연개소문은 선수를 치기로 했다. 그는 평양성 남쪽에서 크게 열병식을 한다며 술과 음식을 성대히 차려놓고 대신들을 불러 모았다. 대신들은 가기 싫었지만 연개소문에게 의심을 사면 안 되겠기에 모두 참석하고 영류왕은 그대로 왕궁에 머물기로 했다.

잔치에서 술잔이 두어 번 돌았을 때 연개소문이 갑자기 "반적을 잡아라."하고 외쳤다. 그것을 신호로 주위에 있던 장사들이 일제히 달려들어 대신들을 제압했다. 잔치 자리는 순식간에 피바다로 변했다. 연개소문은 궁궐로 달려가 영류왕을 죽이고 그 시체를 토막 내어 개천에 버렸다고 한다.

연개소문은 영류왕의 조카 보장을 왕위에 앉혔다. 제28대, 고구려의 마지막 왕인 보장왕이다. 이때부터 연개소문의 본격적인 활약이 시작된다. 물론 독재도 이때부터 본격화한다. 연개소문의 쿠데타는, 고구려 침공의 기회를 호시탐탐 노렸지만 명분을 찾지 못했던 당태종에게 훌륭한 명분을 만들어주었다. 영류왕의 복수를 한다는 명분으로 당태종은 군대를 움직일 준비를 하였다. 낌새를 알아차린 연개소문도 당나라의 침략에 대비하여 변방의 성을 수리하고 군사 훈련에 박차를 가했다.

643년 신라는 당나라에 사신을 보내 백제와 고구려가 조공 길을 막고 있으니 원군을 보내달라고 요청했다. 당태종은 고구려에 사신을 보내 신라에 대한 공격을 멈추지 않으면 고구려를 침공하겠다고 협박했다. 그런데 연개소문은 오히려 군사를 이끌고 신라를 공격하여 두 성을 빼앗았다. 행동으로 자신의 뜻을 보여준 것이다. 사신으로부터 보고를 받은 당태종은 마음을 굳히고 정벌을 반대하는 대신들을 설득했다.

"왕을 죽이고 이웃나라를 괴롭히는 연개소문을 응징한다."

이것이 당태종이 내세운 고구려 침략의 이유이다. 수나라 때 고구려 원정에 나섰던 신하가 자신의 경험을 들어 정벌을 말렸는데도 당태종은, "지금은 수나라와 다르니 공은 나의 뜻을 따르기만 하라."라며 뜻을 굽히지 않았다. 당태종은 15만 명의 군사를 이끌고 직접 원정길에 올랐다. 수나라나 당나라나 할 것 없이 황제가 직접 전쟁에 나섰다는 것은 커다란 의미를 가진다. 이는 황제가 나서서라도 반드시 일전을 치러야 할 만큼 상대의 위상이 중요하다는 의미이다. 또 힘에 있어서도 만만하게 볼 만한 상대가 아니라는 점도 말해준다.

당태종이 무리를 해서라도 고구려를 침략하려는 이유는 또 있었다.

> "랴오둥은 본래 중국 땅인데 수나라가 네 번이나 군사를 일으켜서도 돌려받지 못했다. …… 사방이 넓게 평정되었는데 오직 고구려만 평정되지 않았으니 내가 늙기 전에 이를 취하려 한다."
>
> -『삼국사기』 고구려본기 보장왕편 646년

이것이 당태종이 침략한 진정한 이유일 것이다. 그는 자신이 천하를 통일하려는데 고구려가 오점으로 남는 것을 용납할 수 없었던 것이다.

당태종의 침략 이야기에서 빼놓을 수 없는 것은 바로 안시성 싸움이다. 안시성은 평양으로 통하는 길목을 지키는, 전략상 아주 중요한 성이었다. 그런데 고구려 군의 판단 착오로 인한 패배에 안시성은 고립 상태가 되어버렸다. 하지만 안시성의 성주는 의연하게 버텨냈다.

당태종이 성 안을 향하여 "항복하지 않으면 성이 함락되는 날 안시성 남자들을 모두 구덩이에 묻어버리겠다."라고 외치니 성주는 "너희가 항복하지 않으면 우리가 성에서 나가는 날 모조리 죽일 것이다."라고 되받아쳤다고 한다. 당태종은 성 안 사람들을 굶어죽게 만들려고 했지만 오히려 자신들의 군량이 더 먼저 바닥을 보이기 시작했다. 게다가 날씨까지 추워지고 있었다. 가을 바람이 불어 풀이 마르면 소, 말, 양들을 먹일 수가 없어 굶어 죽을 것이었다.

마음이 급해진 당태종은 연인원 50만 명을 동원하여 60일 동안 성 밖에 흙산을 쌓았다. 흙산 위에서 성을 공격하여 성벽의 일부가 무너졌다. 그러자 안시성 성주는 결사대 100명과 함께 무너진 성벽으로 느닷없이 달려 나가 흙산을 기습, 점령해버렸다. 흙산이 오히려 고구려 군의 고지가 되어버린 것이다. 흙산을 잃은 당나라 군대의 사기는 완전히 땅에 떨어져버렸다. 모든 수단과 방법이 통하지 않자 당태종은 5개월에 걸친 공방전을 끝내고 철군을 결정했다.

돌아갈 때의 길도 순탄치 않았다. 랴오둥의 진창과 웅덩이들 때문에 수레와 말이 지나갈 수 없었다. 군사 1만 명이 나서서 풀을 베어다 길을 메우고 황제가 직접 이 일을 도와야 할 정도였다. 다른 많은 길 놔두고 하필 이런 험한 길을 택한 이유는, 다른 길은 모두 고구려 군에게 막혔기 때문이다. 이런 정황으로 미루어 볼 때 당태종이 안시성 싸움에서만 패한 것이 아님을 짐작할 수 있다. 진창길 이야기는 고구려와의 여러 싸움에서 당나라가 계속 패해 어디로 피할 곳이 없을 정도에 이르렀음을 나타내주는 상징적 일화일 뿐이다.

어쨌든 안시성은 당태종에게 잊을 수 없는 장소였을 것이다. 일설에 의하면, 퇴각할 때 당태종이 안시성을 돌아보니 성주가 나와 손을 흔들며 인사를 하기에 그의 용맹과 충성심에 감탄하며 비단 100필을 선물로 주고 갔다고 한다. 또 일설에 의하면 성주가 쏜 화살에 당태종이 눈을 맞아 애꾸가 되어 돌아갔다고도 한다. 고려 말의 학자 이색(李穡)은 '정관음(貞觀吟)'이라는 시에 이 사건을 조롱하는 내용을 담았다. '정관'은 당태종의 연호이다.

…… 삼한(한반도)을 주머니 속의 물건이라 하더니
흰 깃(화살)에 검은 꽃(눈)이 떨어질 줄 알았으랴.……

민족사학을 내세운 단재 신채호 선생은 더 나아가 당태종이 화살 독으로 세상을 떠났을 것이라고 주장했다. 『구당서』 『신당서』 『자치통감』 등 중국의 역사책에 실린 당태종의 사인이 각기 다른 것을 그 근거로 들었다. 전 중국을 지배했던 황제가 늑막염으로 죽었는지, 장티푸스로 죽었는지 그것도 모르지는 않았을 것이다. 그런데 이렇게 모호하게 적힌 것은 독화살로 죽었다는 치욕적인 사실을 숨기려다 생긴 일이라는 것이다. 랴오둥에서 얻은 병이라는 데는 모든 기록이 일치하는데 그것도 하나의 근거가 된다고 하였다.

당시의 역사를 기록한 책에는 안시성 성주의 이름이 전하지 않는다. 그런데 1572년 명나라에 다녀온 윤근수와 1780년 청나라에 다녀온 박지원이 중국에서 안시성 성주의 이름이 양만춘(梁萬春)이라는 말을 들었다고 전했다. 그래서 지금 우리는 그 위대했던 안시성 성주를 양만춘 장군이라 배우고 있다.

고구려에서 당한 치욕을 잊을 수 없었던 당태종은 몇 차례 더 고구려를 침략했다. 하지만 번번이 실패했다. 649년 세상을 떠날 때 당태종은 고구려 정벌을 중지하라는 유언을 남겼다고 한다. 그런데 신채호 선생은 이 역시 허위라고 주장한다. 아들 당고종이 아버지의 원수를 갚지 못하는 책임을 가볍게 하기 위해 지어

• 백제군이 말을 타고 임진강을 건너오는 것을 막으려 고구려가 쌓은 경기 연천의 호로고루성. 백제에 대한 고구려의 우려는 나당 연합군에 의해 완전히 사라졌다.

낸 이야기라는 것이다. 그만큼 당고종에게도 고구려는 쉽게 복수를 장담할 수 없는 존재였다는 것이다.

660년 나당 연합군이 기어이 백제를 멸망시켰다. 당나라는 그 여세를 몰아 고구려를 침략하여 662년 평양성을 포위하였다. 이때 직접 전투에 나선 연개소문은 당나라 군사 전원을 몰살하는 대승을 거두었다. 이때까지도 고구려는 막강한 힘을 가지고 있었다. 나당 연합군에도 끄떡없었다는 이야기이다. 연개소문이 살아있는 동안 당나라 군대는 고구려를 더 이상 넘볼 수가 없었다.

665년 무렵 연개소문이 세상을 떠나자 고구려는 혼란에 빠졌다. 모든 권력이 연개소문에게 집중되어 있었기 때문에 그의 사후에 벌어질 그런 혼란은 이미 예정된 일이었다. 연개소문의 장남 연남생(淵男生)이 아버지의 뒤를 이어 막리지가 되었다. 연남생은 국정을 처음 맡아 지방의 여러 성을 돌아다니며 순시하고 성주들을 격려했다. 이런 연남생의 행보도 그가 전혀 준비되지 않은 후계자였음을 말해준다. 만일 연개소문 살아생전 후계자를 확실하게 정하고 그를 성주들에게 인식시켰다면 아직 자신의 위상을 확고히 하지 못한 그 중차대한 시기에 연남생이 지방을 다녀야 하는 일은 생기지 않았을 것이다.

어쨌든 연남생은 자기가 자리를 비우는 동안의 일을 두 동생 연남건(淵男建)과 연남산(淵男山)에게 맡겼다. 그런데 어느 날 누군가가 연남건과 연남산에게 속닥였다.

“연남생은 두 아우가 자기 자리에 바짝 다가오는 것을 싫어하여 당신들을 없애려 하니 이쪽에서 먼저 계책을 세워야 할 것입니다.”

처음에 두 아우는 이 말을 믿지 않았다. 그런데 또 다른 어떤 사람이 연남생에게도 속닥였다.

“두 분 아우는 형이 돌아와 자기들의 권세를 빼앗을까 염려해 형을 받아들이지 않으려 합니다.”

연남생도 이 말을 전적으로 믿지는 않았다. 그러나 함량 미달의 연남생은 그 말을 잊을 수가 없었다. 그래서 심복을 평양으로 보내 동정을 엿보게 한 것이다. 그런데 그 심복이 아우들에게 붙잡혔다. 아우들은 정말 형을 의심하게 되었고 왕명으로 연남생을 평양으로 소환했다. 연남생은 평양으로 돌아오지 못했고 연남건이 형의 자리를 꿰찼다. 연남건은 형을 잡기 위해 군사를 풀었다. 국내성에 숨어 있던 연남생은 당나라에 손을 내밀었다. 당고종이 국내성에 군사를 보내 연남생을 호위해갔다.

이후 보장왕은 연남건과 함께 조정을 이끌어가려 했지만 뜻대로 되지 않았다. 정변의 과정에서 수많은 신하가 제거되었고 민심도 연 씨 형제에게서 떠났기 때문이다. 연개소문의 장남 연남생은 당나라에 투항하고 연개소문의 동생 연정토는 신라에 투항했다. 동생도 연개소문에게는 별 도움이 안 된 인물이었던 것 같다.

668년 권력층의 내분으로 고구려가 정신을 못 차리고 있을 때 나당연합군이 다시 고구려에 쳐들어왔다. 이번에는 당나라군을 당해낼 수 없었다. 연남생이 당나라 군대의 길잡이 역할을 했기 때문이다. 보장왕이 머물던 하평양성이 함락되자 왕은 연남산을 보내 항복하도록 했다. 연남건은 성문을 걸어 잠그고 끝까지 저항을 했지만 이미 대세는 다 기운 후였다.

주몽 신화의 주인공 동명성왕이 나라를 세운 이후 700여 년 동안 이어온 고구려가 이렇게 허무하게 문을 닫았다. 이후 당나라는 보장왕과 연남산에게 벼슬을 내려주고 평양에 설치한 안동도호부에서 살게 해주었다. 왕은 정치가 그에게서 나온 것이 아니므로, 연남산은 항복했기에 용서해준 것이라 한다. 끝까지 항거한 연남건은 검주로 유배를 보냈다.

677년 당나라는, 보장왕을 '랴오둥 도독 조선군왕'으로 봉했다. 랴오둥에 돌아가 고구려의 유민들을 안정시키고 그들을 거두게 한 것이다. 또 중국 내 여러 주에 살던 고구려 유민도 왕과 함께 돌아가게 했다. 그런데 보장왕은 랴오둥에 도착하자마자 당나라를 배반하고 몰래 말갈과 내통하여 군사를 일으키려 했다. 이것이 발각되어 681년 보장왕은 당나라 공주(중국 쓰촨성)로 유배되었고 그 다음해 그곳에서 세상을 떠났다.

보장왕이 세상을 떠났을 때 이미 고구려가 망했기 때문에 그는 왕으로서의 시호를 받지 못했다. 지금 우리는 자연인으로서의 그의 이름 '보장'에 '왕' 자를 붙여 예우할 뿐이다.

『삼국사기』에 홀려 연개소문을 반역자, 독재자로 여기던 사람들에게 새로운 시각을 열어준 신채호 선생은, 연개소문을 '4,000년 역사에서 첫째로 꼽을 영웅'이라 칭찬하였다. 그는, 연개소문이 적국(당나라)과 내통한 왕(영류왕)의 목을 베어 장대에 높이 달고 온 나라에 호령함이 마치 영국의 청교도 혁명을 이끈 올리버 크롬웰과 같다고 하였다. 그래서 "우리 연개소문은 우리 광개토대왕의 자손이며, 을지문덕의 어진 동생이며 만세의 후손들에게 모범이 되는 인물"이라 하였다.

하지만 그런 신채호 선생도 연개소문의 단점을 다음과 같이 꼬집었다.

"죽을 때 따로 어진 이를 골라 자기의 뒤를 이어 조선인 만대의 행복을 꾀하지 못하고 불초한 자식 형제에게 대권을 돌아가게 해 마침내 이룬 공과 업적을 뒤엎어버렸으니 야심만 많고 덕은 적은 인물이었나 보다."

미리 어진 이를 따로 후계자로 골라놓지 못한 이유는 "나 아니면 절대로 안돼."라는 아집 때문이다. 오늘날에도 덕이 부족한 사람들은 "나 아니면 안 된다."라며 자신과 주변을 망치고 있다. '나'를 대신할 제대로 된 사람을 찾아 키우는 것, 그것이야말로 "내가 반드시 해야 할 일"임을 잊어서는 안 된다.

•제3장•

애쓴다고 되겠어? 그냥 포기할래

–신라의 망국

알에서 태어났다는 박혁거세가 신라의 첫 왕이 된 때는 기원전 57년 무렵이었다. 신라는 그때 한반도의 구석, 척박한 땅에서 시작되었다. 그런데 약 700년이 흐른 676년에 신라는 삼국 통일의 대업을 달성하였다. 통일된 왕국으로 250년을 더 지탱한 신라는 935년에 제56대 경순왕을 마지막으로 왕조의 문을 닫았다. 신라는 거의 1,000년에 가까운 유구한 역사를 자랑한다.

• 경북 경주 월성의 해자. 월성은 신라 왕조의 궁성이 있었다고 짐작되는 곳이다. 천 년 왕조의 성은 그 모습을 찾을 수 없고 해자의 흔적만 남아 있을 뿐이다.

그러나 성할 때가 있으면 쇠할 때도 있는 것이 세상의 이치이다. 1,000년 역사의 신라도 역시 망할 때가 있었다. 신라의 긴 역사 속에 위기는 수없이 많이 찾아왔다. 하지만 이 책에서는 결정적으로 망국으로 치달은 시기를 제49대 헌강왕 이후로 보고 있다. 그 이유는 헌강왕 이후의 신라 왕들에게서는 나라의 질서를 바로잡아보려는 노력이 보이지 않기 때문이다.

헌강왕 이후의 신라 왕들은 나라 살리기를 완전히 포기한 사람들처럼 보였다. 그들은 이렇게 생각했을 것이다.

"나 혼자 애쓴다고 되겠어? 앞대의 왕들도 못한 일을 내가 어떻게 해. 힘들게 애쓰지 말고 그냥 포기할래."

그런데 노력했는데 못하는 것과 해보지도 않고 못한다고 하는 건 차이가 있다. 나라의 지도자가 뭔가 해보려고 애쓰다가 실패하면 백성들은 힘들어도 흔쾌히 그 고통을 분담하려 한다. 그런데 해보지도 않고 못한다고, 어차피 안 된다고 손 놓고만 있으면 민심은 그 정권으로부터 등을 돌리게 된다. 왕뿐만이 아니었다. 신라 말기의 모든 지배 세력은 나라가 총체적 위기 상황에 빠졌는데도 반성할 줄 모르고 타개책을 찾을 노력도 기울이지 않았다. 그래서 결국 신라가 망한 것이다.

사실 신라에서 망국의 조짐이 보이기 시작한 것 훨씬 더 이전부터이다. 어찌 보면 제30대 문무왕이 삼국 통일이라는 정점을 찍고 난 이후부터 하향세를 탔다고도 할 수 있다. 이것 역시 당연

- 경주 감포 앞바다의 문무왕 수중릉. 신라의 망국은 문무왕이 삼국 통일이라는 정점을 찍고 난 이후부터 시작되었다고도 할 수 있다.

한 세상의 이치이다. 한반도를 삼키려던 당나라까지 몰아내고 더 이상 가까운 곳에 적이 없던 신라 사람들에게 야심이나 기개는 기대하기 어렵게 되었던 것이다. 원래 천적이 없는 생물은 공격 기능도 방어 기능도 퇴화하게 마련이다. 또 외부의 적이 없으면 알레르기가 되어 자신의 몸을 공격하기도 한다. 평화가 오래 지속되면 부정부패도 기승을 부린다. 고인 물은 썩게 마련이기 때문이다.

그래도 제35대 경덕왕까지는 그럭저럭 괜찮았다. 그런데 제36대 혜공왕부터는 신라가 본격적으로 혼란에 휩싸이게 되었다. 혜공왕이 살해된 780년부터 헌강왕이 즉위한 875년까지 100년도 채 안 되는 세월 동안 무려 열네 번이나 왕이 바뀌었다. 반란이 꼬리에 꼬리를 물었고 그러는 동안 제대로 왕 노릇을 한 사람은 찾아볼 수가 없었다. 당연히 나라꼴이 말이 아니었을 것이다.

신라에는 골품제도라는 신분제도가 있었다. 순수한 왕족 혈통인 성골은 통일 전 진덕여왕에서 끊어지고 태종무열왕 이후부터는 부모 중 한쪽만 왕족인 진골이 왕위를 이었다. 왕위뿐만 아니었다. 관직도 진골만이 최고의 자리에 오를 자격이 있었다. 이렇게 중요하고 높은 관직은 진골들이 틀어쥐고 있으면서 그들은 서로 왕의 자리를 탐내는 데만 혈안이 되어 있었다. 왕위 쟁탈전에 미쳐 나랏일을 제대로 안볼 거면 관직이라도 양보했어야 했다.

그러지도 않으니 진골 아래 신분인 6두품의 불만은 속으로 크게 곪아 들어가고 있었다.

그럼에도 불구하고 신라의 망국이 헌강왕 이후부터 시작되었다고 생각하는 이유는, 10년 10개월 동안의 헌강왕 재위 동안은 나름대로 신라가 태평성대를 누렸다고 보기 때문이다. 물론 헌강왕 때도 한 차례 반란은 일어났다. 하지만 이내 진압이 되었고 그 외에는 다른 큰일이 벌어지지 않았다.

이때를 태평성대로 보는 근거는 몇 가지가 있다. 880년 9월에 헌강왕이 신하들을 데리고 월상루에 올라 둘러보니 수도에 민가

• 경주 감은사지 삼층석탑. 감은사는 용왕이 된 문무왕을 기리기 위해 지은 절이다. 절터에는 용이 드나들도록 만든 통로의 모습이 지금도 남아 있다.

들이 즐비하고 사방에서 노래와 음악 소리가 들려왔다고 한다. 그곳에서 헌강왕과 시중 민공은 다음과 같은 대화를 나눴다.

"내가 듣기로 지금 민간에서는 집을 기와로 덮고 띠풀로 지붕을 이지 않는다 하고 밥을 숯으로 짓고 나무를 쓰지 않는다 하는데 과연 그러한가?"

"저 역시 일찍이 그런 이야기를 들었습니다. 주상께서 왕위에 오르신 이래로 음양이 조화롭고 비바람이 순조로워 해마다 풍년이 들어 백성들이 먹을 것이 풍족하고, 변경 지역은 잠잠하고 도시에서는 기쁘게 즐기니, 이는 전하의 어진 덕이 불러온 바입니다."

"이는 그대들이 도와준 덕분이지 내게 무슨 덕이 있겠는가?"

-『삼국사기』 신라본기 헌강왕편 880년

이 대화를 통해 당시 나라도 태평했고 백성들의 삶도 풍족했으며 헌강왕도 겸손하게 덕으로 신하들을 대했던 것을 알 수 있다.

헌강왕 때를 태평성대로 볼 수 있는 근거가 하나 더 있다. 바로 『삼국유사』에 실린 처용에 대한 기록이다. 그 이야기도, 헌강왕 때의 신라는, 서라벌(경주)은 물론 시골에 이르기까지 주택과 담장이 즐비했고 초가집은 한 채도 없다는 이야기로 시작된다. 동해 용의 일곱 아들 중 한 아들이 서라벌에 들어와 왕의 정사를 도왔는데 그가 처용이다. 처용이 밖에서 놀다가 밤늦게 집에 들어가 보니 아내의 발만 보여야 할 이부자리 아래로 외간 남자의 발이 보였다. 그때 처용이 부른 노래가 '처용가'라는 향가이다.

동경 밝은 달밤에(東京明期月良)

밤늦도록 놀고 다니다가(夜入伊遊行如可)

들어와 자리를 보니(入良沙寢矣見昆)

다리가 넷이로구나(脚烏伊四是良羅)

둘은 내 것이나(二肹隱吾下於叱古)

둘은 누구의 것인가(二肹隱誰支下焉古)

본디 내 것이지만(本矣吾下是如馬於隱)

빼앗긴 것을 어찌하겠는가(奪叱良乙何如爲理古)

그 다리는 외간 남자의 것이 아니라 역병을 옮기는 귀신의 것이었다. 역귀는 넓은 포용력을 가진 처용을 두려워하며 도망쳤다고 한다.

그런데 처용을 아라비아 상인이 아닐까 추측하는 사람들도 있다. 배를 타고 바다에서 오는 이방인을 용왕의 아들로 봤을 것이라는 얘기이다. 아무튼 외국과 무역을 할 수 있었고 신라에 온 외국 상인이 신라가 좋아 아내까지 얻어 눌러 살았다는 점 역시 당시 신라가 태평성대였음을 말해준다. 물론 시절이 좋아야 노랫말처럼 밤늦게 놀러 다닐 수 있다.

근거 하나가 더 있다. 신라의 석학 최치원이 헌강왕 11년인 885년에 당나라로부터 돌아왔다는 점이다. 6두품의 신분 때문에 조국에서 외면당한 불운한 천재 최치원. 아무리 조국이 그리워도 나라 안이 어지러웠다면 당나라의 벼슬을 버리고 귀국하지는 않았을 것이다.

어쨌든 헌강왕 때를 끝으로 신라 백성들은 다시는 태평성대를 누릴 수 없었다.

헌강왕이 세상을 떠나고 886년에 제50대 정강왕이 즉위하였

• 충북 충주의 탑평리 칠층 석탑. 삼국 통일 후 신라는 영토의 중앙에 탑을 세우고 그 위세를 떨쳤지만 후대에는 왕위를 이을 후계자마저 제대로 못 키우게 되었다.

다. 그는 헌강왕의 동생이었다. 헌강왕에게 아들이 있었지만 돌도 지나지 않은 아기인지라 동생이 왕위를 물려받은 것이다. 정강왕이 즉위하자마자 큰 흉년이 들었다. 바야흐로 백성들의 고통이 시작된 것이다. 설상가상으로 정강왕은 이듬해 병이 들어 세상을 떠났다. 그런데 그에게도 뒤를 이을 아들이 없었다. 그래서 정강왕은 후계자에 대해 다음과 같은 유언을 남겼다.

"나의 누이 만(曼)은 천품이 명민하고 체격이 장부 같으니 그대들은 당연히 선덕왕과 진덕왕의 옛일을 본받아서 그녀를 왕위에 세울지어다."

많은 나라가 망해갈 무렵에는 뒤를 이을 후계자마저도 제대로 못 키우게 된다. 어리고 준비 안 된 왕이 즉위하여 심한 스트레스를 이기지 못하고 젊어서 사망하고 다시 어린 왕이 오르고 하는 되풀이 속에 나라는 점점 간신들의 손에서 농락을 당하게 마련이다. 또 누구를 왕위에 올려야 하는지 때문에 심하게 갈등하고 골머리도 앓게 된다. 고려가 그랬고 조선이 그랬다. 우리나라뿐만 아니다. 유명한 소설 『삼국지연의』에도 한나라의 어린 황제가 간신들에게 이리저리 끌려 다니는 이야기가 나온다. 그러다 결국 나라가 망하고 만다.

신라도 그랬다. 제49대 헌강왕부터 마지막 왕인 제56대 경순왕까지 제53대 신덕왕을 제외하고는 아들에게 왕위를 물려준 사람은 한 사람도 없었다. 그렇게 된 데는 여러 가지 이유가 있지만 대개의 경우는 왕위에 올릴만한 자식을 두지 못했기 때문이다. 왕의 아들을 태자로 삼아 차기 왕이 되는 준비를 시킨 후 왕위를 물려줘야 나라가 혼란에 빠지지 않는다. 그런데 그게 뜻대로 안 돼서 다음 왕을 누구로 할 것인가를 찾는 것은 엄청난 에너지를 필요로 하는 일이다. 이런 에너지 소모와 혼란이 되풀이되면 나라는 망국으로 치닫곤 한다.

정강왕을 이어 왕위에 오른 누이동생이 제51대 진성여왕이다. 많은 사람이 신라 망국의 시작을 진성여왕으로 본다. 그 이유는 진성여왕이 남자들을 침실로 끌어들여 방탕한 생활을 하느라 나랏일을 제대로 돌보지 못했기 때문이라고 한다. 『삼국사기』의 신라본기 진성왕 편을 보면 그녀가 즉위했다는 기사 바로 다음에 그녀의 음란함을 고발하는 기사가 나온다. 대충 이런 얘기들이다.

"왕이 평소 각간 위홍(魏弘)과 정을 통하더니 이때 와서는 항상 궁궐에 들어와 일을 보게 하였다. 위홍이 죽은 후부터는 몰래 젊은 미남 두세 명을 끌어들여 음란하게 지내고 아울러 그들에게 요직을 주어 국정을 맡겼다. 이로 말미암아 임금의 총애를 받는 이들이 멋대로 방자히 굴고 뇌물이 공공연히 나돌며 상과 벌이 공정하지 못하니 기강이 무너

• 선덕여왕 때 지어진 경주 분황사 석탑. 신라의 다른 두 여왕에 비해 진성여왕은 망국의 주범으로 그 오명을 쓰고 있다.

지고 해이해졌다.……"

-『삼국사기』 신라본기 진성왕편 888년

하지만 이런 일 때문에 나라에 망조가 들었다는 관점은 성 차별적인 발상이다. 왕은 '무치(無恥)'라 하여 부끄러움을 몰라야 한다고들 한다. 남자 왕은 여러 명의 여자를 거느려도 그것이 부끄럽거나 비난 받을 일이 아니었다. 오히려 왕실의 번영을 위해 많은 자식을 생산해야 한다고 생각했다. 또 왕의 여인들이 베개 밑 송사를 펼치는 일도 다반사였다. 그렇다고 그 나라들이 모두 망했던 것은 아니다. 그런데 여왕이 남자를 침실에 끌어들였다고, 또 그 남자들이 왕의 총애를 믿고 방자히 굴었다고 그것을 오롯이 나라를 망하게 한 죄로 연결시키는 것은 안 될 말이다.

다만 진성여왕에게 잘못이 있다면 위기를 맞은 나라를 위해 개혁을 시도하지 않았다는 점이다. 물론 진성여왕이 개혁의 칼을 뽑았다고 해서 신라가 얼마나 달라질 수 있었을까 하는 의구심은 든다. 헌강왕 때 태평성대를 누렸다고는 하지만 이미 그 전부터 쌓여온 사회의 부조리와 부패가 진성여왕 때에 이르러서는 손을 쓸 수조차 없는 지경에 이르렀기 때문이다. 100년 넘게 왕권 다툼에 전념했던 신라에 무슨 질서가 남아 있으며 또 무슨 힘이 있어 그것을 회복할 수 있었겠는가?

왕이 자주 바뀌면 당연히 왕의 힘은 약해진다. 또 새로 오른 왕은 자신을 왕으로 만들어준 사람들에게 복종할 수밖에 없다. 이때 왕권이 극도로 미약해진 탓에 신라 왕의 힘은 지방 구석구석까지 미치지 못했다. 힘의 공백이 생기면 그를 대체할 다른 힘이 등장하게 마련이다. 그것이 바로 호족 세력이다. 자기 지역에서 장군으로 불리며 왕처럼 군림하던 호족들은 왕보다 더 강한 권력을 행사했다. 진성여왕이 나랏일에 관심을 두지 않았던 이유도 이런 상황에서 자신이 할 수 있는 일이 없다고 생각했기 때문인 것 같다.

왕이 힘을 쓰지 못하니 지방의 호족들은 세금도 내지 않았다. 왕을 정말 우습게 여기는 처사였다. 당연히 국가의 재정은 엉망이 되고 국고는 바닥을 보이기 시작했다. 다급해진 진성여왕은 지방에 사람을 보내 납세를 독촉했다. 연쇄적으로 지방 관리들은 백성들을 쥐어짰고 그 때문에 민심은 더욱 흉흉해졌다. 수많은 백성이 수탈을 견디지 못하고 도둑이 되어 떼 지어 다녔고 이런 상황이 민란으로 이어졌다.

889년 원종(元宗)과 애노(哀奴), 아자개(阿慈介)가 민란을 일으켜 사벌주(경북 상주)를 차지했다. 진성여왕이 진압을 위해 나마 벼슬을 하는 영기(令奇)를 보냈지만 그는 몰려오는 농민군을 보고 두려워 싸우지 못했다. 반면 촌주 우련(祐連)은 용감하게 싸우다 목숨을 잃었다. 진성여왕은 영기의 목을 베고 열 살밖에 안된 우련의 아들을 촌주로 삼았다.

신라 조정이 농민군을 끝내 진압하지 못했다는 소식을 들은 지방의 호족들은 너도나도 반란을 일으켰다. 대표적인 인물들은 사벌의 아자개, 북원의 양길, 죽주의 기훤 등이었다. 이들이 훗날 신라가 후삼국으로 분열되는 기반이 되었다. 이들 중 신라 조정과 가장 치열하게 싸운 세력은 사벌의 아자개였다. 사벌은 서라벌과 가까운 지역이기도 했고 아자개의 아들 견훤이 짧은 시간 동안 많은 백성을 끌어 모았기 때문에 신라에는 특히 위험한 인물로 여겨졌다.

결국 이 견훤과 양길의 부하였던 궁예가 스스로 왕이라 칭하며 나라를 새로 만들었다. 바야흐로 후삼국 시대가 시작된 것이다. 신라의 국운은 이미 돌이킬 수 없는 정도로 기울고 있었다. 더 이상 아무 힘도 쓸 수 없었던 진성여왕은 무기력한 여생을 보내다가 병으로 세상을 떠났다.

진성여왕의 뒤를 이은 제52대 효공왕은 헌강왕의 서자였다. 헌강왕은 길에서 사냥을 구경하다가 예쁜 여자를 발견한 적이 있다. 그 여자를 수레에 태우게 하여 왕의 장막에 데려가 야합을 한 것이다. 그때 여자는 임신을 하여 아들을 낳았다. 진성여왕은 그

- 경주 배리의 삼릉. 이곳은 신라 제8대 아달라왕과 신덕왕, 경덕왕 부자의 능이다. 박씨인 신덕왕은 아달라왕의 후손이며 헌강왕의 사위였다

이야기를 듣고 아이를 궁궐로 데려오게 했다. 헌강왕의 아들이면 진성여왕에게는 조카가 된다. 진성여왕은 그 아이의 등을 어루만지며 이렇게 말했다고 한다.

"나의 형제 자매는 골격이 여느 사람과 다른데 이 아이의 등 위에 두 뼈가 솟아 있으니 정말 헌강왕의 아들이겠구나!"

진성여왕은 곧 예를 갖추어 그 아이를 태자로 삼았다. 그가 효공왕이다. 이 일화는 당시 왕실에 정통성을 갖춘 후계자 찾기가 얼마나 힘들었는가를 말해준다. 진성여왕은 어떻게 해서라도 가까운 핏줄을 만들려고 애썼던 것이다.

효공왕 시대의 기사는 온통 궁예와 견훤에 대한 것들이다(후삼국의 정세에 대해서는 뒷장 후백제 편에 소개하므로 이 장에서는 신라 얘기만 다룬다). 효공왕은 나라를 구하기 위해 어떤 일도 할 수 없었다. 그 역시 나랏일을 포기하고 오로지 애첩에 빠져서 정신을 차리지 못했다. 은영(殷影)이라는 대신이 효공왕에게 그 여자를 멀리하라고 간언했지만 왕은 듣지 않았다. 은영은 그 여자를 잡아다 죽여 버렸다. 이것도 문제이다. 그래도 그렇지 신하가 왕의 여자를 죽여 버리다니 말이다. 왕의 권위가 완전히 바닥에 떨어졌음을 알게 해주는 사건이다.

그런데 그걸로 끝이 아니었다. 이 사건 후 얼마 지나지 않아 효공왕이 세상을 떠났다. 새로 왕이 된 제53대 신덕왕은 효공왕의 애첩을 죽인 은영의 큰아버지이다. 이런 점으로 미루어 볼 때 효공왕은 신덕왕 일파에 왕위를 빼앗기고 살해되었을 가능성이 크다.

신덕왕은 박씨이다. 이로써 제17대 내물왕으로부터 이어져 내려온 김씨 왕조가 끊어졌다. 이후로 신라의 왕은 박씨 집안에서 차지했다. 신라의 마지막 왕인 경순왕은 김씨였지만 견훤이 앉힌 왕이므로 신라 왕실 자체에서 왕위를 이어받은 김씨 왕은 효공왕이 끝이라고 봐야 할 것이다.

물론 시조의 성으로 돌아갔지만, 이 사건으로 왕조의 성이 바뀌었으니 이는 거의 역성혁명이라 볼 수 있다. 신덕왕은 제8대 아달라왕의 후손이며 헌강왕의 사위였다. 즉위할 때 이미 노쇠했던 신덕왕 역시 별다른 일을 하지 못하고 5년 만에 세상을 떠났다.

신덕왕의 뒤를 이은 제54대 경명왕은 신덕왕의 장남이다. 경명왕은 모처럼 장자 상속을 한 왕이다. 그의 치세에도 역시 신라는 별로 한 일이 없다. 후백제가, 후고구려가 바쁘게 움직여 신라를 위협했고 신라는 단지 최대한 방어하며 사태를 관망하고 있었을 뿐이다.

이 무렵인 918년 궁예가 죽임을 당하고 왕건이 새 왕조 고려를 열었다. 견훤의 아버지인 아자개가 왕건에게 투항하였고 신라의 호족들도 왕건에 호감을 가지기 시작했다.

경명왕은 후백제 견훤의 공격을 막는 데 왕건의 힘을 빌리고 싶어 했다. 자력으로 해결하려는 노력보다는 어떻게 하면 왕건과 더 친하게 지낼 수 있을까를 연구했다. 경명왕은 왕건의 힘으로 후백제도 물리치고 꺼져가는 신라 왕조의 불씨를 살려보려 했는지도 모른다. 하지만 그런 경명왕의 태도가 오히려 신라를 더욱 더 의존적으로 만들고 말았다. 경명왕도 역시 꺼져가는 신라에 활력을 불어넣지 못한 채 세상을 떠나고 말았다.

헌강왕 이후 신라의 조정은 완전히 식물 조정이 되어버렸다. 나라 바깥에서는 새 나라가 생기고 서로 땅을 빼앗고 뺏기고 난리들이었는데 신라 조정에서는 하는 일이 거의 없었다. 물론 뭔가를 할 수 있는 힘이 없었다고는 하지만 무력해도 너무 무력했다. 그 무력감은 포기에서 나온 것이다. 왕을 비롯하여 신라의 지배자들은 일찌감치 나라를 포기해버린 것이다.

경명왕에게도 역시 후사가 없었다. 제55대 경애왕은 경명왕의 동생이다. 경애왕은 노골적으로 왕건에게 의지하는 태도를 보였다. 즉위하자마자 직접 왕건을 찾아갈 정도였다. 오히려 왕건이 속속 투항해오는 신라의 장수들을 달래 신라로 되돌려 보냈다. 왕건은, 신라가 어차피 자기 품에 안겨올 것인데 무리하게 서두를 필요 없다고 생각한 것이다.

이 무렵 후백제와 고려는 화친을 맺고 서로 인질을 교환했다.

• 경주의 포석정. 후백제의 견훤이 쳐들어올 때 경애왕은 이곳에서 연회가 아닌 나라를 위한 제사를 지내고 있었을 것으로 짐작된다.

왕건은 자기보다 나이가 많은 견훤을 공대하며 화해 분위기를 이어갔다. 그런데 고려로 간 후백제의 인질이 죽는 사건이 일어났다. 고려가 인질을 죽였다고 생각한 견훤은 크게 화를 내며 고려의 인질도 죽여버렸다. 이로써 고려와 후백제의 화친은 깨졌다. 두 나라의 화친이 못내 불안했던 신라에게는 좋은 기회가 된 것이다.

신라는 왕건의 복수심에 열심히 불을 지폈다. 927년 고려가 후백제를 공격한다 하니 경애왕은 즉각 고려에 지원군을 보냈다. 신라는 군사를 일으킬 형편이 못되었지만 후백제의 위협에서 벗

• 경주의 안압지. 신라 시대의 연회는 월성으로부터 멀리 떨어진 포석정이 아니라 월성 바로 앞의 안압지에서 주로 열렸다.

어나기 위해 고려를 응원해야만 했다. 그런데 그것이 경애왕에게는 더 큰 화를 불러오고 말았다.

여러 전장에서 고려한테 패배한 후백제가 느닷없이 군사를 몰아 서라벌에 들이닥친 것이다. 경애왕이 전쟁하도록 왕건을 부추겼고 많은 지원을 했기 때문에 자신들이 패배했다고 생각한 견훤은 경애왕을 응징하러 서라벌로 간 것이다. 이때의 상황을 『삼국사기』는 다음과 같이 기록하였다.

"…… 이때 왕은 왕비와 궁녀, 친척들과 함께 포석정에서 잔치를 벌여 노느라 적병들이 들이닥치는 것도 모르고 있다가 느닷없는 상황에 어찌할 바를 몰랐다. 왕과 왕비는 달아나 후궁으로 들어가고, 친척, 대신, 관료 등은 사방으로 흩어져 뛰어 달아나고 숨었다. 적에게 붙잡힌 이들은 귀한 자 천한 자 할 것 없이 모두 놀라 자빠져 땀을 흘리고 벌벌 기면서 종이 되겠다고 빌었지만 화를 면하지 못했다. 견훤은 군사를 풀어 공공의 것이나 사유물이거나를 막론하고 모든 재물을 약탈하였으며 궁궐에 들어앉아서 부하를 시켜 왕을 찾아오게 했다. 왕은 왕비와 첩 몇 사람과 함께 후궁에 있다가 견훤 앞에 잡혀 왔다. 견훤은 왕에게 자살하게 하고 왕비를 강간했으며 부하들을 풀어 비첩들을 유린하게 하였다. ……"

-『삼국사기』 신라본기 경애왕편 928년

그런데 이 이야기는 왕건에 의해 망한 신라와 후백제 두 나라를 모두 폄하하려 지어낸 것으로 보인다. 일단 포석정 잔치만 해도 그렇다. 포석정은 연회를 하는 장소가 아니라 신을 모시는 곳이었을 것이라 한다. 헌강왕이 포석정에 행차하여 남산신과 만났다는 『삼국유사』의 기사가 이를 추측케 해준다. 또 신라 시대에 연회는 월성에서 멀리 떨어진 포석정이 아니라 주로 월성 바로 앞에 있는 임해전과 안압지에서 열렸다고 한다. 게다가 견훤이 공격한 때는 음력 11월이었는데 한겨울에 야외에서 물길에 술잔

• 경기 연천의 경순왕릉. 경순왕이 세상을 떠나자 백성들은 경주로 시신을 옮기려 했지만 고려 조정의 반대로 엉뚱한 곳에 왕릉이 조성되었다.

을 띄우며 놀았다고 생각하기에는 무리가 있다.

잔치를 벌였다는 얘기를 납득할 수 없는 또 다른 이유가 있다. 후백제 군사들이 서라벌에서 25킬로미터밖에 안 떨어져 있는 고울부(경북 영천)까지 진격했다는데, 그리고 그 소식을 듣고 왕건한테 원병까지 요청한 경애왕이 그 상태에서 어떻게 잔치를 벌일 수 있었겠는가? 나라를 포기했다 하더라도 그것은 불가능한 일이다. 만일 그것이 사실이라면 경애왕은 정말 담이 큰 사람이거나 아니면 미친 사람이었다고 봐야 한다.

경애왕은 아마도 왕비와 대신들을 데리고 포석정까지 나아가

나라의 안녕을 기원하는 제사를 지내고 있었을 것이다. 술잔이 돌았을 수도 있다. 보통 제사상에도 술잔을 올리니 말이다.

또 김부식은, 왕비를 강간했다는 얘기로 견훤마저 잔학한 인간으로 만들었다. 그런데 아무리 견훤이 화가 났다 해도 한 나라의 왕으로서 그런 짓을 하지는 않았을 것이다. 전장에서의 군율을 생명처럼 여기던 그 시대에 만일 왕이 내놓고 그런 잔학한 행동을 하고서는 군사들을 통제할 수 없기 때문이다.

견훤은 경애왕의 외사촌 동생 김부(金傅)를 왕으로 앉혀놓고 돌아갔다. 박씨 왕조가 완전히 끊기고 마지막 왕위는 김씨가 차지했다. 그 왕이 바로 제56대 경순왕이다. 경순왕은 견훤에 의해 왕이 되었지만 견훤을 철천지 원수로 생각했다. 하지만 그때 신라는 정말 나라를 포기할 수밖에 없는 형편이었다. 견훤이 군사들이며 무기며 하다못해 무기 만드는 기술자까지 모두 잡아가거나 죽여버렸기 때문에 경순왕은 저항할 엄두도 못 냈다.

그 상황에서 믿을 사람은 오로지 왕건뿐이었다. 다행히 왕건은 경순왕을 '상부(尙父, 아버지와 같이 존경한다는 뜻)'라 부르며 극진하게 모셨다. 931년 경순왕은 왕건에게 만나자고 청했다. 왕건은 기병 50여 명만 거느리고 서라벌로 왔다. 대신들이 교외까지 나가서 왕건을 맞이하고 서로 예를 갖추며 인사를 했다. 임해전에서 왕건을 환영하는 잔치가 열렸고 그 자리에서 경순왕은 눈물을 흘리며 하소연했다.

“내가 하늘의 뜻에 부응하지 못해 환란을 불러들이고 견훤은 의롭지 못한 일로 제멋대로 나의 나라를 없애려 드니, 이렇게 마음 아픈 일이 어디 있겠소.”

왕건도 눈물을 흘리며 경순왕을 위로했다. 이제 왕건에게 신라는 익을 대로 익은 감이었다. 나무 아래서 저절로 떨어질 때만 기다리면 되었던 것이다.

• 경기 양평 용문사의 은행나무. 마의태자가 금강산으로 숨어들면서 꽂아놓은 지팡이가 이 은행나무가 되었다는 이야기가 전한다.

이후에도 신라의 신하들이 속속 왕건에게로 투항하고 신라는 껍데기만 남았다. 그런데 935년 후백제에 내분이 일어나 견훤이 고려에 투항하는 일이 일어났다. 왕건은 견훤에게도 ‘상부’라며 깍듯이 대했다. 이 소식을 들은 경순왕은 천운이 모두 왕건에게 집중되고 있다고 생각하고 항복을 결정했다. 경순왕의 결정에 한 가지 납득 안 되는 점이 있다. 고려는 우호적이고, 적대적이던 후백제는 분열하고 있는데 경순왕은 왜 항복으로 가닥을 잡았을까? 조금은 더 버틸 수 있었을 텐데 말이다. 경순왕은 이때 이미 신라 왕조의 유지를 포기해버린 것이다. 그냥 맥없이 놓아버린 것이다.

이때 태자는 항복을 말렸다. 하지만 경순왕의 뜻은 완강했다.

> "외롭고 위태로움이 이와 같으니, 이미 나라를 보전할 수 없는 형세에 이르렀다. 강성하지 못한데 겸허하지도 않아 백성들로 하여금 간과 뇌가 땅에 나뒹굴게 하는 것은 내가 차마 할 수 없는 일이다."
>
> -『삼국사기』 신라본기 경순왕편 935년

태자는 통곡하며 왕에게 하직 인사를 하고 그 길로 금강산으로 들어가버렸다. 산 속 바위 틈에서 나물로 연명하며 삼베옷을 입고 살았다 하여 그를 마의태자라고 부른다.

마의태자는 삼베를 입고 살았지만 경순왕은 융숭한 대접을 받으며 왕건에게로 갔다. 경순왕의 행차는 아름다운 수레와 보배로 장식한 말이 30여 리나 이어져 길을 메울 정도였다고 한다. 왕건은 교외까지 마중 나와 영접하고 고려의 궁궐 동쪽에 멋진 저택을 지어주었다. 그리고 맏딸 낙랑공주를 경순왕에게 주어 아내로 삼게 했다.

이렇게 하여 1,000년의 왕국 신라가 문을 닫았다. 우리 민족 최초의 통일 국가를 이뤘고 그 역사가 1,000년에 이르는 신라였지만 그 망국 이야기는 다른 나라에 비해 짧다. 그 이유는 경애왕이 견훤에게 습격당한 것 말고는 별다른 사연 없이 멸망했기 때문이다. 또 망해갈 무렵의 신라에서는 주변 나라에 당하는 것 외에는 거의 아무 일도 하지 않았기 때문이다.

진성여왕부터 경명왕까지는 앞서 쓴 것처럼 식물 조정이었다. 경애왕이 한 일은 어떻게 하면 왕건에게 잘 의지할 것인가 연구하는 것이었고 경순왕이 한 일은 항복할 적당한 시기를 찾는 것이었다. 삼국 중 가장 먼저 망한 나라 백제는, 그래도 마지막 왕인 의자왕 초기까지 그 기백을 잃지 않았다. 그에 비해 천년 왕국 신라는 너무 빨리 포기하고 스스로 불을 꺼버렸다. 물론 영원한 제국은 존재하지 않는다. 언제 망해도 망한다. 하지만 포기는 멸망의 시기를 앞당긴다.

마의태자가 귀순을 말리며 했던 마지막 말은 나라를 위기에서 구하기 위해 오늘의 우리도 잊지 말아야 할 자세라고 생각한다.

"나라가 보존되고 멸망하는 것은 반드시 하늘의 뜻에 달려 있으니, 충신과 의로운 사람들이 민심을 수습하고 스스로 굳건히 하며 힘을 다한 다음에야 그만둘지언정, 어찌하여 1,000년의 사직을 하루아침에 경솔하게 남에게 내준단 말입니까?"

•제4장•

반드시 원칙대로 할 필요 있나?

–후백제의 망국

후백제는 후삼국 시대에 겨뤘던 세 나라 중 가장 좋은 조건을 가지고 시작하였다. 우선 궁예가 세웠던 후고구려에 비해 풍요로운 곡창 지대를 차지할 수 있었다. 또 백제의 맥을 잇는다는 명분을 내세워 그 지역에 살고 있던 백성들의 민심을 쉽게 얻을 수 있었다. 그것도 잔인한 성품의 소유자라는 오명을 얻고 쫓겨난 궁예와 비교되는 바였다. 나머지 한 나라, 이미 다 기울어 손가락 끝으로도 넘어뜨릴 수 있던 신라와는 비교할 필요도 없었다.

그런데도 후백제는 45년, 두 임금 만에 망하고 말았다. 사람들은 후백제가 망한 가장 대표적인 이유로 부자(父子) 사이의 불화를 꼽는다. 그런데 애당초 부자 사이의 불화는 왜 일어났을까? 물론 여러 가지 이유가 있겠지만 결국 큰아들들을 제쳐놓고 어린 넷째 아들을 후계자로 삼은 것이 불화의 결정적인 계기가 되었다.

이런 실수는 조선의 태조 이성계도 저질렀다. 건국에 많은 공을 세운 다섯째 아들 이방원, 아니 그 위의 장성한 네 아들을 제쳐두고 여덟 살짜리 막내를 세자로 삼았다가 왕자의 난을 자초하였다. 결국 사랑하는 늦둥이 아들들을 제 형의 손에 죽게 하고 자신도 왕위에서 내려와야 했다. 물론 똑똑한 아들 이방원이 뒤를 이어서 조선이라는 나라를 잘 이끌었지만 건국한 지 얼마 되지도 않아 왕자들이 골육상잔을 벌였다는 오명은 두고두고 씻을 수가 없다.

만일 태조 이성계가 후백제 역사의 교훈을 좀 더 뼈아프게 받아들였다면 이런 판단은 하지 않았을 것이다. 아니, 욕심에 눈이 멀면 역사의 교훈 따위는 눈에 들어오지도 않는다. 적장자 계승의 원칙을 지켜야 한다는, 아니면 최소한 공로를 세운 아들을 후계자로 삼아야 한다는 주변의 권유도 어차피 귀에 들어오지 않았을 것이다. 그런 권유를 들었다 해도 태조는 이렇게 대꾸했을 것이다.

"그런 원칙은 나도 알고 있다. 그러나 세상 일을 반드시 원칙대로 할 필요가 있는가?"

원칙을 무시하는 것은 세상을 우습게 보는 처사이다. 원칙을 지키는 사람들을 오히려 바보로 여기는 처사이다. 다른 사람들은 못나서 원칙대로 하는 게 아니다. 원칙이란, 그것이 합리적이고 다수에게 공정할 것이라 생각하여 만든 세상의 약속이다. 설사 어떤 개인에게는 불편한 것이 될지라도 약속이니 지켜야 하는 것이 원칙이다. 그러니 자기 멋대로 그 약속을 깨뜨리면 당연히 세상의 반감을 사게 된다. 그 반감이 바로 망국의 씨앗이 되는 것이다.

후백제의 견훤은 세상을 우습게 알고 원칙을 무시하여 자기가 애써 이룬 나라를 망하게 하였다. 그는 높고 힘 있는 자리에 있으니 자기 마음대로 할 수 있다고 생각했다. 하지만 원칙을 지키지 않으면 높고 힘 있는 자리를 버텨나갈 토대를 상실하게 된다. 어떻게든 자리를 이어갈 수는 있지만 그 기초는 이미 흔들리고 있는 것이다.

후백제를 세운 견훤(甄萱)은, 신라에서 민란을 일으킨 아자개라는 농부의 아들로 태어났다. 그에게도 영웅 신화와 같은 어린 시

• 경북 문경의 금하굴. 이곳에서 견훤이 지렁이의 자식으로 태어났다는 전설이 전한다. 견훤이 태어난 후 굴속에서 영롱한 빛이 비쳐 금하굴이라 이름 붙였다 한다.

절 일화가 있다. 젖먹이로 포대기에 싸여 있을 때 아버지가 들에서 일하고 어머니가 밥을 나르느라 아이를 숲속에 누여둔 적이 있는데 그때 호랑이가 와서 젖을 먹였다는 것이다. 자라서는 체격과 얼굴 생김새가 눈에 띄게 빼어났고 그 용감함과 책임감도 뛰어났다. 열다섯 살에 신라의 군인이 되었을 때는 잠 잘 때도 창을 베고 자면서 긴장을 늦추지 않았고 적을 막을 때는 항상 사람들 앞에 섰다고 한다.

하지만 견훤을 '견훤'으로 키운 것은 바로 신라의 타락과 부패였다. 진성여왕 재위 시절 신라에서는 소인배들이 왕의 곁에서 권력을 쥐고 흔들고 있었다. 당연히 사회의 질서는 무너지고 기강이 해이해졌다. 거기에 기근까지 겹쳐 백성들의 고통은 이루 말할 수 없을 지경이었다. 백성들은 어쩔 수 없이 사방에 흩어져버렸고 일부는 도적떼가 되어 사회의 분위기는 더욱 흉흉해지고 있었다.

견훤이 사람을 모으기 시작한 것이 바로 그때였다. 자신은 경상도 상주 출신이었는데 서남쪽에서 복무한 것을 근거로 전라도 사람들을 모으기 시작했다. 어지러운 사회에 회의를 느낀 사람이 많았는지 열흘 만에 5,000명이 견훤의 지휘 아래로 모여 들었다.

900년 견훤은 완산주(전북 전주) 백성들의 열렬한 환영을 받았다. 그는 백제 땅에서 민심을 얻었다고 기뻐하며 백제의 뒤를 이어 나라를 세울 것을 다음과 같이 선언하였다.

"내가 삼국의 시초를 돌이켜 보건대 마한이 먼저 일어나고 그 뒤에 혁거세가 일어나므로 진한과 변한은 그 뒤를 따른 것이다. 이렇듯 백제가 금마산에 나라를 연 지 600여 년이 되었다. 그런데 당고종이 신라의 요청으로 소정방을 보내 바다를 건너오게 하고 신라의 김유신이 황산을 지나 사비에 이르러 당나라 군대와 힘을 합해 백제를 쳐 없앴다. 이제 내가 어찌 감히 완산에 도읍을 세워 의자왕의 오랜 원한을 씻지 않으랴!"

-『삼국사기』 열전

견훤의 이런 행보는 궁예에게 많은 영향을 끼쳤다. 다음 해 나라를 세운 궁예는 견훤과 비슷한 선언을 했다.

"지난 날 신라는 당나라 군사를 끌어들여 고구려를 멸망시켰다. 그래서 고구려의 옛 도읍지 평양에는 잡초만 우거지게 되었다. 내 그 원수를 반드시 갚겠노라."

궁예가 자신을 버린 신라에 감정이 있다는 것은 이해가 되지만 고구려의 원수를 갚아야 할 이유는 없다. 단지 고구려의 옛 국민들의 민심을 끌어들이려 한 얘기일 뿐이다. 견훤의 경우도 마찬가지이다. 옛 신라 땅 출신인 그가 굳이 백제의 원수를 갚을 이유는 없었지만 그런 선언의 효과는 컸다.

● 경북 상주의 견훤산성. 견훤은 상주 출신이었지만 서남쪽에서 복무한 것을 근거로 전라도 사람들을 모으는 데 성공하였다.

견훤의 후백제는 건국 이후 승승장구하여 한동안 한반도에서 가장 강한 세력이 되었다. 그러다가 궁예의 부하 왕건에게 금성(전남 나주)을 빼앗긴 후부터는 궁예에게 밀리게 되었다. 하지만 918년 왕건이 궁예를 몰아내고 고려를 세우자 궁예의 지배를 받던 일부 지역들이 견훤에게 귀순해왔다. 다시 견훤의 세력이 커지게 된 것이다.

그런데 그 해 견훤은 상상도 할 수 없던 일을 당하게 되었다. 사벌에서 세력을 키우고 있던 아버지 아자개가 왕건에게 귀순해버린 것이다. 아자개가 왕이 된 아들을 버린 이유도 가족 사이에 일어난 갈등 때문이다. 견훤은 계모와 이복동생들과 사이가 나빴는데 그것이 후백제가 사벌을 흡수하는 일과 맞물려 부자 사이를 적으로 만든 것이다. 이유야 어쨌든 결과적으로 견훤은 부모 복도 자식 복도 어지간히 없는 비운의 인물이었다.

왕건은 아자개를 대대적으로 환영했다. 견훤의 약점을 잡기도 했고 홍보 효과도 만점이었으니 말이다. 견훤은 명예가 크게 훼손되었지만 절대로 위축되지 않았다. 이 사건 이후에도 후백제는 승승장구하여 고려보다 앞서갈 수 있었다. 견훤은 거의 모든 전쟁에 직접 나가서 지휘해 병사들의 사기를 북돋았다. 또 나라 안의 정치도 안정적으로 이끌어나갔다. 그때까지만 해도 견훤은 난세를 헤쳐 나갈 수 있는 슬기로운 지도자였던 것이다.

920년 견훤은 기병 1만 명을 데리고 신라 대야성을 공격했다. 지금 경상남도 합천 지방에 있던 대야성은 신라에서 가장 큰 고을이었고 신라 서부의 군사 요충지였다. 그래서 대야성의 함락은 신라에게는 엄청난 충격이 되었다. 당시 신라의 경명왕은 왕건에게 도움을 요청했고 급히 달려온 왕건의 군대 덕분에 전쟁이 더 이상 발전하지는 않았다. 이후 신라는 왕건에게 적극적으로 기대는 입장이 되었다. 왕건이 신라와 우호 관계를 유지하자 후백제로 왔던 지역들이 고려로 투항하기 시작했다.

경명왕의 뒤를 이은 신라 경애왕은 노골적으로 왕건에 의지하려 했다. 왕건도 그 관계가 싫지 않았다. 견훤은 무력으로 신라를 점령하려 했지만 왕건은 신라를 잘 구슬려 싸우지 않고 자기편으로 끌어들이려 했기 때문이다.

• 경북 상주의 견훤산성. 한때 후삼국 중 가장 강성했던 견훤의 왕국은 건국 후 50년도 채 못 되어 망국의 길을 걷고 말았다.

왕건은 신라와 사이좋게 지내는 한편 후백제와는 끊임없는 공방전을 벌였다. 주물군(경북 안동)에서는 왕건과 견훤, 두 왕이 직접 참가한 일대 접전이 벌어지기도 했다. 이 전투에서 상황이 불리해진 견훤은 왕건에게 화의를 청했다. 전쟁을 빨리 끝내고 싶었던 왕건도 이에 동의했다. 두 나라는 이때 서로 인질을 교환했다. 견훤은 조카인 진호(眞虎)를, 왕건은 사촌동생 왕신(王信)을 보냈다. 그리고 왕건은 견훤에게 존경의 뜻을 표하기도 했다.

"저보다 열 살이 많으시니 상부로 모시겠습니다."

그런데 이 두 사람의 화해를 못마땅하게 생각하는 사람이 하나 있었다. 바로 신라의 경애왕이었다. 경애왕은 견훤이 협잡꾼 같으니 화친해서는 안 된다고 왕건에게 말했다. 왕건은 그 말에는 아랑곳하지 않았지만 화친은 엉뚱한 이유로 깨지고 말았다. 고려에 간 진호가 갑자기 죽은 것이다. 왕건은 진호의 시신을 후백제에 보냈다. 견훤은 고려가 진호를 죽였다고 생각했다. 그래서 고려의 인질 왕신을 죽여버렸다. 그리고는 곧바로 전쟁을 선포했다.

하지만 왕건은 성을 지키되 나가 싸우지 말라고 각 성주에게 명령했다. 그때 경애왕이 또 나섰다.

"견훤이 약속을 어기고 군사를 일으켰으니 하늘이 그를 돕지 않을 것입니다. 대왕(왕건)께서 반격하면 견훤은 반드시 패망할 것입니다."

전쟁을 재촉하는 경애왕의 전갈에 왕건은 다음과 같이 답장을 보냈다.

"견훤이 두려워 내가 전쟁을 안 하는 것이 아닙니다. 다만 그의 죄악이 갈 때까지 가서 스스로 무너지기를 기다릴 뿐입니다."

말은 이렇게 했지만 왕건도 여러 곳에서 후백제군과 맞서 싸웠다. 그러다 927년에 고려가 후백제로부터 신라의 요충지 대야성

● 경북 경주의 경애왕릉. 견훤은 경애왕을 죽이고 군사는 물론 무기 만드는 기술자까지 모두 제거하여 신라의 저항 의지를 꺾어버렸다.

을 빼앗았다. 그때 대야성 주변에 있던 후백제 성들이 왕건에게 대거 귀순했다. 더 이상은 세력을 잃을 수 없다고 생각한 견훤은 직접 군사를 이끌고 신라의 수도인 서라벌로 들이닥쳤다. 고려와 전쟁을 할 때마다 신라는 고려 편을 들었고 경애왕이 사사건건 자신을 비난하는 데에 견훤은 분노했다.

경애왕은 급히 왕건에게 도움을 요청했고 왕건도 신라를 구하러 군대 1만 명을 보냈지만 고려군이 서라벌에 도착했을 때는 이미 상황이 끝나 있었다. 경애왕은 자결하고 도성은 후백제군에 의해 유린당한 후였다. 견훤은 경애왕 대신 경애왕의 외사촌 동생 김부(金傅)를 왕으로 세웠다. 그가 신라의 마지막 왕 경순왕이다.

왕건은 사신을 보내 경애왕을 조문한 뒤 5,000명의 군사를 이끌고 후백제를 치러 나섰다. 그런데 고려군의 작전을 미리 알아차린 견훤은 복병을 숨겨두었다가 오히려 고려군을 기습했다. 후백제군에 포위당해 왕건이 위기에 빠지자 신숭겸이라는 신하가 왕건에게 제의했다.

"제가 전하의 갑옷을 입고 어차에 올라 싸울 테니 전하는 평복으로 갈아입고 이곳을 빠져나가십시오."

신숭겸 덕분에 왕건은 목숨을 구할 수 있었지만 신숭겸을 포함한 5,000명의 군사는 모두 목숨을 잃거나 흩어져버렸다. 견훤은 이렇게 두 나라를 한꺼번에 농락하며 승승장구하는 것 같았다. 그런데 그 사이 왕건과 경순왕은 급속히 사이가 가까워졌다. 경순왕은 견훤이 세운 왕이었지만 견훤의 침략에 치를 떨었다. 그에 비하면 함께 눈물을 흘리며 나라의 비극을 슬퍼해주는 왕건에게는 강한 호감을 느꼈던 것이다. 신라 백성들도 마찬가지였다.

"견훤이 왔을 땐 미친 호랑이나 이리떼한테 습격당한 것 같았는데 오늘 왕공(왕건)을 만나니 부모를 대하는 듯하다."

바야흐로 신라의 민심이 왕건에게로 기울고 있었다. 이것이 바로 왕건이 궁극적으로 바라는 바였다.

934년 왕건은 다시 군사를 일으켜 운주(충남 홍성) 정벌에 나섰다. 견훤도 군사 5,000명을 데리고 운주로 달려왔지만 운주와 금성을 차례로 잃었고 많은 후백제의 장수가 고려에 투항했다. 이 전쟁 이후 견훤은 약한 모습을 보이기 시작했다. 아직 후삼국 전쟁이 마무리되지도 않았건만 그는 이미 69세의 노인으로 기력이 쇠해 있었던 것이다. 그는 935년 아들들을 모아놓고 다음과 같은 말을 했다.

"늙은 애비가 후백제를 세운 지 이미 여러 해가 지났다. 그런데 군사는 우리가 고려보다 갑절이나 많은데 오히려 이기지 못하니 아마도 하늘이 고려를 원하는 것 같구나. 어찌 고려에 귀순하여 지위를 보존하지 않을 수 있겠느냐."

이 말을 들은 견훤의 아들들은 크게 놀랐다. 평생 전장에서 물러서지 않는 강인한 모습만 보이던 아버지가 적에게 귀순할 생각을 가지고 있다니 청천벽력과도 같은 일이었던 것이다. 게다가 그때까지 후계자를 정하지 않았던 견훤은 충격적인 선언을 했다. 첫 부인에게서 태어난 신검(神劍), 용검(龍劍), 양검(良劍) 세 아들을 제치고 첩에게서 얻은 넷째아들 금강(金剛)을 후계자로 지목한 것이다. 견훤은 금강이 몸집도 크고 지혜가 남달라 유난히 아끼고 왕위를 물려주려 했다고 한다. 그런데 그 정도 가지고는 다른 큰 아들들을 후계자에서 배제할 명분이 되지 못했다. 결국 여기서부터 후백제 멸망의 싹이 드러나기 시작하였다.

반란의 주역은 능환(能奐)이란 신하였다. 당시 신검은 중앙에 있었지만 용검은 무주도독으로, 양검은 강주도독으로 나가 있었다. 능환은 먼저 용검과 양검에게 사람을 보내 쿠데타에 동의를 얻어냈다. 그리고 신검을 설득했다. 세 아들이 후백제의 군사권을 손

- 전북 김제의 금산사 미륵전. 후계자에서 밀려난 견훤의 아들들은 견훤을 이곳에 가뒀는데 이 사건으로부터 후백제의 망국이 시작되었다.

에 쥐고 있었기 때문에 견훤을 몰아내는 것은 식은 죽 먹기였다. 새벽에 쿠데타 군이 궁궐에 들어가 신검을 왕으로 추대하고 만세를 불렀다. 신검 일당은 잠자리에서 막 일어난 견훤을 금산사에 가두고 금강을 죽여버렸다.

견훤 축출의 주모자가 아들들이 아니라 제3자였다는 점이 말해주는 것이 하나 있다. 아들들뿐만 아니라 제3자가 봐도 견훤의 처사는 반란의 명분을 제공할 만큼 부당했다는 것이다. 물론 이 사건이 단순한 집안일에 의한 것이 아니었을 수도 있다. 고려에 귀순하고 싶다는 견훤의 말에 위기를 느낀 후백제의 유력 인사들이 이를 막기 위해 벌인 일일 수도 있다는 것이다. 어린 금강이 후계자가 되면 아버지 견훤의 입김이 작용하고 그의 노선을 그대로 따를 것이므로 금강에로의 왕위 계승을 막아야 했던 것이다. 어찌 되었든 한 가지는 확실하다. 그 모든 일이 원칙과 상식을 무시한 견훤의 처사에서 비롯되었다는 것이다.

그로부터 3개월 후 견훤은 금산사에서 탈출하여 왕건에게 귀순하였다. 왕건은 그를 예전처럼 상부라 부르며 극진히 맞이하였다. 왕건은 견훤을 궁궐에서 살게 하고 양주 땅을 식읍으로 내주었다. 어차피 왕건에게 귀순할 생각이 있었던 견훤은 왕건의 대접에 만족해했다.

신검이 정식으로 왕위에 오른 것은 그로부터 다시 5개월이 지난 후였다. 쿠데타를 일으킨 지 8개월만에야 왕위에 오를 수 있었던 이유는 그동안 반대 세력과 투쟁을 해야 했기 때문이다. 그들을 모두 축출한 후에야 비로소 왕위에 오른 신검은 다음과 같은 내용의 즉위 교서를 발표했다.

> "…… 대왕(견훤)께서는 신묘한 무예가 보통을 넘고 영특한 지모는 만고에 으뜸이시라. 말세에 태어나 삼한 땅을 돌아다니며 후백제를 일으키셨다. 그래서 도탄에 빠졌던 세상을 밝게 하시고 백성들이 편하게 모여 살았다. 나라가 바람과 우레처럼 고무되고 거의 중흥에 이르렀는데 높은 지혜와 사려가 한번 잘못되어 어린 아들을 총애하고 간신들이 권세를 농간하였다. …… 나는 맏아들로서도 재주가 없었는데 하물며 임금의 지혜를 가졌으랴? 조심스럽고 두려워 살얼음을 밟듯 물을 건너는 듯하니 마땅히 은혜를 베풀어 새로운 정치를 보여야 할 것이라. ……"
>
> -『삼국사기』 열전

935년 신라가 고려에 완전히 투항하였다. 고려에게는 후백제와의 마지막 일전만 남게 되었다. 그 무렵 견훤의 사위이자 후백제의 장수인 박영규(朴英規)가 고려로 귀순했다. 그는 아버지를 내쫓은 자를 섬길 수 없어서 귀순했다고 했다. 박영규의 귀순은 아들들에 대한 견훤의 복수심을 더 세차게 타오르도록 자극했다. 견훤은 왕건에게 복수를 도와달라고 졸랐다.

"늙은 제가 전하에게 몸을 의지한 까닭은 전하의 위엄을 빌려 난신적자(亂臣賊子, 나라를 어지럽게 하는 신하와 부모의 뜻을 거스르는 자식)의 죄를 물어 죽이려는 소원 때문이었습니다. 삼가 대왕께서 신묘한 군사를 빌려주시어 난신적자를 섬멸한다면 신은 죽더라도 유감이 없겠습니다."

-『삼국사기』 열전

3개월 뒤 왕건은 10만 명을 직접 이끌고 후백제 정벌에 나섰다. 이때 견훤이 선봉에 섰다. 견훤과 고려군의 위세를 본 후백제

• 충남 논산에 있는 견훤왕릉. 견훤은 후백제가 망한 후 얼마 못 가 전쟁터에서 분노를 참지 못하고 등창으로 세상을 떠났다.

의 장수들이 속속 항복하였다. 도대체 전의를 불태울 수 없는 상황이었던 것이다. 고려의 대군이 진격하자 후백제군은 뿔뿔이 흩어져버렸다. 그 중에는 창을 거꾸로 잡고 신검 측을 공격하는 군사들도 있었다고 한다.

도저히 말도 안 되는 이 전투에서 신검은 제대로 싸워보지도 못하고 항복하고 말았다. 왕건은 능환을 죽이고 신검은 사면하여 벼슬을 내려주었다. 신검은 자진해서 항복한 데다 능환의 협박으로 왕위에 올랐다고 여겨져서 용서를 받은 것이다. 또 양검과 용검은 부왕을 가두는 일을 주도했다 하여 귀양을 보냈다.

936년 6월, 이렇게 후백제가 멸망하고 후삼국이 통일되었다. 견훤은 이 전쟁이 끝난 지 며칠 만에 전쟁터인 황산의 절에서 등창으로 세상을 떠났다. 등창이란 등에 나는 큰 부스럼을 말한다. 『삼국지연의』에도 분노를 참지 못하고 등창이 터져 세상을 떠난 장수의 이야기가 몇 차례 등장한다. 견훤의 죽음에도 "울분과 번민을 참지 못하여"라는 말이 붙어 있다. 도대체 무엇에 죽을 만큼 울분과 번민을 느꼈을까? 그 이유로 두 가지를 생각할 수 있다. 우선 원수 같이 여겼던 아들들을 왕건이 그 정도에서 용서해 준 것에 화가 났을 수도 있다. 하지만 그보다는 자신이 애써 일궜던 후백제라는 나라를 그렇게 허망하게 망하게 만든 데 스스로 큰 힘은 보탰다는 뒤늦은 후회 때문이었을 것 같다. 어쨌든 『삼국사기』의 편찬자는 그 모든 것이 견훤이 자초한 것이라고 논평했다. 원칙을 무시한 견훤의 처사가 자신과 자신이 세운 나라를 멸망하게 한 씨앗이 된 것이다.

원칙의 무시는 수많은 떼쟁이를 만들어낸다. 그리고 결국 그 떼쟁이들로부터 역습을 당하게 된다. 네댓 살밖에 안된 어린 아이들도 안 되는 것을 한번 허락해주면 다음에 반드시 그 전례를 시빗거리로 삼는다. "전엔 된다고 했잖아. 전엔 해줬으면서 이번엔 왜 안 된다고 하는 거야?"라면서 말이다. 원칙을 무시한 예외에 발목을 잡히고 그로 인해 큰일을 그르친 사례는 역사 속에서

• 경북 문경의 숭위전. 금하굴 가까이에 세워진 견훤의 사당이다. 이곳에서 매년 봄 견훤의 제향이 거행된다.

수없이 찾아볼 수 있다.

원칙을 무시하는 사람들은 대개 처음에는 그것이 큰일이 아니라고 생각한다. "이까짓 것 좀 안 지킨다고 무슨 큰일이 나겠어?"라는 생각에서 시작하게 마련이다. 여기 사소한 것에서부터 시작되는 원칙의 무시를 경계하는 고사를 하나 소개한다.

중국 은나라의 마지막 왕 주왕은 달기라는 여자 친구와 함께 나라를 망친 사람으로 잘 알려져 있다. 그가 아직 왕위에 오르기 전 어느 날, 그는 상아로 젓가락을 만들게 했다. 그것을 본 기자(箕子)라는 신하는 그 상아 젓가락이 망국의 근원이라며 통탄했다고 한다. 당시에는 왕자라 하더라도 상아 젓가락 같은 사치품은 쓰지 않는 게 원칙이었던 모양이다. 그래도 그렇지, 명색이 한 나라의 왕자인데 상아 젓가락 하나 만들어 쓴다고 무슨 큰 일이 일어나겠는가?

하지만 기자의 주장은 이렇다. 당시의 그릇은 토기였다. 식사할 때는 젓가락이 토기에 긁히게 마련인데 이때 재질이 무른 상아 젓가락은 금세 닳아버릴 것이다. 그럼 옥으로 그릇을 만들게 할 것이고, 거기에 담길 진귀한 음식을 만들게 할 것이고, 그런 음식을 먹을 때에 걸맞은 복장을 갖추려 할 것이다. 그러다 보면 그 모든 것에 어울리는 호화로운 궁전을 짓게 되고 이것이 국가의 재정을 고갈시키고 백성을 도탄에 빠지게 하며 결국은 망국으로 치닫게 한다는 엄중한 경고를 한 것이다.

원칙을 무시하는 행위는 나라를 위험에 빠지게 한다. 그것이 젓가락 한 개를 만드는 작고 사소한 일이라도 말이다. 융통성과 유연성도 원칙 안에서 허용되어야 함을 잊어서는 안 될 것이다.

•제5장•

내 잘못도 아닌데 나보고 어쩌라고?

–원나라의 침략과 간섭

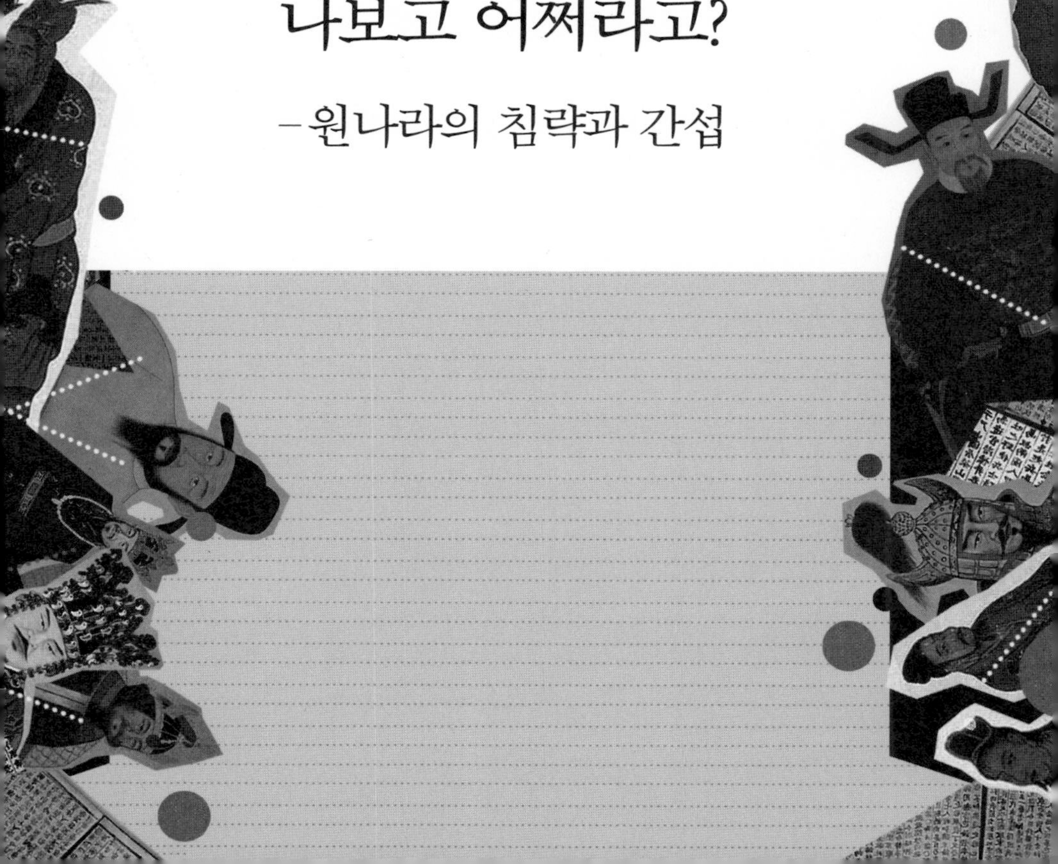

고려가 원나라에 완전 항복한 상태로 그 간섭을 받기 시작한 것은 1270년 이후부터이다. 1170년 무신정변 이후 100년을 이어지던 무신 정권 시대가 이때 막을 내렸다. 그리고 무신들의 방해로 강화도에 갇혀 있던 고려 왕 원종이 개경으로 돌아왔다. 이것이 1231년 몽골의 군대가 처음 고려를 침략한 이후 28년 동안 일곱 차례의 전란을 치러낸 결과였다.

문신들의 차별에 분노하여 자신들의 세상을 만들어보고자 정변을 일으켰던 무신들은, 무력으로 권력자를 수시로 갈아치웠다는 것을 제외하고는 문신들과 다를 바가 없었다. 외적이 쳐들어와 백성들을 유린하고 있을 때도 그들은 적과 싸우는 데 나서지 않았다. 유약한 문신들이 하던 행태 그대로 왕실과 함께 강화도로 피해버린 것이다. 그들이 강화도에서 편안히 지내는 동안 육지에서는 고려의 백성들이 몽골군에게 사정없이 짓밟히고 있었다. 왕이 몽골과 화해를 하는 것도 무신들이 막았다. 대체 그들은 어쩔 생각이었던 것일까?

일곱 번의 침략 중에 고려의 항복으로 군사를 철수한 것이 네 번이다. 나머지 세 번은 몽골의 사정 때문에 돌아간 것이다. 몽골이 군사를 돌이켜준 것만 다행으로 생각했을 뿐 단 한 번도 정부군의 항전으로 적을 물리쳐내지 못했다. 일곱 번의 침략이 있었던 28년 동안 고려 조정은 무엇을 했을까? 쳐들어오면 항복하고 쳐들어오면 항복하고 혹은 그들이 그냥 돌아가는 요행을 바라면서 시간을 보내는 동안 수많은 백성이 죽고 삶의 터전을 잃었다.

당시 그들은 강화도에 성을 쌓거나 삼별초를 조직하기도 했다. 그런데 삼별초도 자신들을 호위하는 근위부대였다. 그 외에는 아무런 대책도 없이, 백성들을 구하겠다는 생각도 없이 눈앞에 닥친 자신들의 위기만 모면하려고 했던 것이다.

강화도에서도 무신들은 끊임없이 권력 다툼을 했다. 국난을 극복하기 위해서 그들이 한 일이라고는 팔만대장경을 만든 것뿐이다. 하늘은 스스로 돕는 자를 돕는다고 한다. 그런데 고려의 무신들은 몽골군을 몰아내기 위해 스스로 노력을 기울이는 대신 하늘만 바라보고 있었다. 그러니 하늘의 도움도 받을 수 없었던 것이다.

이렇게 무신들이 무책임한 행동을 한 배경에는 "내 잘못도 아닌데 나보고 어쩌라고?"하는 생각이 들어 있었던 것이다. 그래서 뭔가 애쓰는 척은 했지만 그 누구도 적극적으로 국난 극복에 앞장서지 않았다.

결국 무신 정권은 비참하게 끝이 났다. 원나라 황실은 고려 백성들이 끝까지 항쟁한 그 정신을 높이 사서 왕조를 멸하지는 않았다 한다. 간섭을 받아가면서라도 고려의 왕실을 보존할 수 있었던 것은 그야말로 원나라 황실의 '은혜'였던 것이다.

원나라는 고려 왕실의 존립은 인정해주었지만 마음에 들지 않으면 사신을 보내 따지고 심지어는 고려 왕을 자기네 마음대로 갈아치우기도 했다. 뿐만이 아니다. 쫓아낸 왕을 멀리 티베트로 유배 보내기도 했고 왕이 유배를 가다가 도중에 목숨을 잃는 일까지 생겼다. 그렇게 100년 가까이 거의 원나라의 속국으로 살았던 동안 고려의 기상이나 정신은 모두 사라져버리고 말았다. 실질적인 망국의 상태에 이른 것이다.

제24대 원종 이후 제31대 공민왕이 즉위하기 전까지 원 간섭기의 여섯 왕은 시호에 '충(忠)'자를 붙였다. 이는 원나라에 충성한다는 의미이다. 이때, 사람은 여섯 명이었지만 즉위와 복위는 열한 번이 이뤄졌다. 그만큼 원나라가 고려의 왕을 자신들의 입맛대로 이리저리 갈아치웠다는 얘기이다. 상황이 그러니만치 당시의 왕들이 그 상황을 극복할 엄두를 내기는 힘들었을 것이다.

그러나 그들은 어떻게든 역경을 극복해내야 할 책임이 있는 사람들이었다. 왜냐하면 그들에게는 수많은 백성의 운명이 걸려 있었으니 말이다. 자신이 없으면 과감히 그 자리에서 물러나야 했다. 그리고 상황을 해결할 수 있는 사람을 찾아 역할을 넘겨줘야 했다. 그런데 고려 왕들은 그렇게 하지 않았다. 다만 무신들과 마찬가지로 "나보고 어떡하라고?"라는 태도로 세월만 보내고 있었을 뿐이다.

고려에 대한 몽골의 침략은 그에 앞선 거란의 침략으로부터 시작되었다. 1216년 거란이 고려에 쳐들어왔다. 당시 고려의 왕은 제23대 고종이었지만 실권자는 최충헌이라는 무신이었다. 최충헌은 무신 중에서도 특별한 의미를 지닌 사람이었다. 그 전에는 경쟁자를 죽여 정권을 빼앗았지만 최충헌부터는 최고 권력이 최씨 집안에서 세습되었기 때문이다.

거란이 쳐들어왔다는 소식을 들은 고려 조정은 군사를 모으기 시작했다. 그런데 모아놓고 보니 노약자 등 오합지졸뿐이었다. 힘 있고 용감한 군사는 모두 최충헌 개인의 병사가 되었던 것이다.

경주 황룡사 금당 터. 그 터만 봐도 엄청난 규모였음을 짐작할 수 있는 황룡사는 몽골군의 침략으로 불에 타 사라지고 말았다.

그런데 최충헌은 나라를 위해 그 군사를 동원하지 않았다. 단지 자신을 보호하는 데만 주력하게 했던 것이다.

이런 상황에서 외적을 제대로 막아냈을 리 만무하다. 심지어는 거란에 투항하는 고려군도 나오게 되었다. 스스로의 힘으로 거란을 물리칠 수 없었던 고려는 몽골과 중국의 동진에 손을 내밀었다. 이른바 세 나라의 연합군이 탄생한 것이다. 1218년 몽골의 장수 합진(合眞) 등이 군사 3만여 명을 이끌고 압록강을 건넜다. 이때 칭기즈 칸은 합진을 통해, "적을 무찌른 후 고려는 몽골과 형제가 되기를 맹약하라."라고 자신의 뜻을 전해왔다. 바야흐로 몽골이 고려에 본격적인 관심을 두기 시작한 것이다.

다음 해 연합군의 활약으로 거란군을 물리쳤다. 2년여의 전쟁이 끝난 것이다. 그런데 이번에는 칭기즈칸과의 약속이 기다리고 있었다. 고려 왕 고종이나 대신들은 몽골의 동생 나라가 되는 것에 대해 별 다른 의견이 없었다. 유럽까지 그 세력을 넓혀가던 몽골의 위세에 대항할 수 없다고 생각했기 때문이다.

그 무렵 최충헌이 세상을 떠나자 그 아들 최우와 최향이 후계 자리를 놓고 다퉜다. 결국 최우가 동생 최향과 그 추종자를 모두 잡아 귀양 보내고 실권자의 벼슬인 교정별감을 차지했다. 하지만 무신들끼리의 권력 다툼이 완전히 끝난 것은 아니었다.

무신들의 집안 싸움 때문에 국내 사정이 어수선하던 1221년,

몽골에서 엄청난 공물을 요구하는 서신을 보내왔다. 고려에 온 몽골 사신 저고여(著古與)는 수달피 1만 장, 명주 3,000필, 모시 2,000필, 솜 1만 근, 붓 200자루, 종이 10만 장 등을 바치라는 황제의 편지를 고려에 전달하였다. 이 과정에서 저고여는 왕 앞에서도 오만 불손한 태도를 보여 고려 사람들의 분노를 샀다. 이런 강도 행위와 같은 요구는 한 번으로 끝나지 않고 이후에도 한동안 계속되었다. 심지어 저고여는 자기네 나라로 돌아갈 때 압록강을 건너면 수달피를 제외한 나머지 공물은 다 버리고 갔다고 한다. 필요하지도 않은 공물을 요구하여 고려를 골탕 먹이려고 한 것이다.

1225년 고려에서 수많은 공물을 거둬서 몽골로 돌아가던 사신 저고여 일행이 피살당하는 사건이 발생했다. 예나 지금이나 이런 사건은 엄청난 외교적 파장을 일으키게 마련이다. 고려 조정은, 몽골의 횡포에 반발하던 동진이나 금나라가 저지른 일이라고 서둘러 해명했다. 하지만 몽골은 고려의 소행이라 일방적으로 선언하고 국교를 끊어버렸다.

그때부터 몽골은 고려에 대해 복수를 준비했다. 몽골이 침략해 올 것이라는 소식을 들은 최우는 권력을 효율적으로 운용하기 위해 정방(正房)을 설치했다. 정방은 인물을 심사하여 적절한 벼슬에 앉히는 일을 하는 기관이다. 그런데 나중에는 권력자들의 세력을 유지해주는 수단으로 변질되었다.

이 무렵 최우는 개경에 나성을 쌓고 삼별초를 조직하는 등 나름 전쟁을 치를 각오를 다지기도 했다. 물론 삼별초를 만든 것은 몽골의 침입에 대한 대비가 아니라 자신들의 신변을 보호하기 위한 조치였다.

외적이 호시탐탐 나라를 노린다는 것을 알면서도 최우의 동생 최향은 권력을 차지하기 위해 형을 도발하여 나라를 혼란에 빠지게 만들었다. 최우의 부인 정씨가 죽자 고종은 왕비의 예에 따라 장례를 치러줄 것을 명하기도 했다. 결국 정씨의 무덤은 왕릉보다도 훨씬 호화스럽게 꾸며졌고 그 과정에서 수많은 재물이 소비되었다. 대신들은 최우에게 잘 보이기 위해 앞다투어 정씨의 제사를 지냈고 이 때문에 물가가 엄청나게 올라 고려의 경제가 엉망이 되어버렸다. 돈을 군비 확장에 써도 모자랄 판에 허례허식으로 경제력을 낭비한 것이다.

이들은 도무지 외적의 침입에 대해 준비는커녕 걱정도 하지 않은 것 같았다. 그때 정치가들은 나라가 위기에 처한 것이 자신의 책임이 아니라고 생각했던 것이다. 자신이 직접 저지른 일도 아니니 나라를 구하기 위해 애쓸 필요도 없고 자신은 몰라라 하고 있어도 상관없다고 생각한 것이다.

1231년 기어이 몽골이 쳐들어왔다. 몽골의 살리타(撒禮塔)를 총사령관으로 삼은 제1차 침입이었다. 이들은 저고여의 복수를 명분으로 내걸었다. 살리타의 군대가 압록강을 건너자마자 함신진

(지금의 의주)이라는 고을의 장수 조숙창은 싸워보지도 않고 항복했다. 물론 두려웠을 것이다. 그러나 변방의 장수인 자신의 본분이 무엇인지 한번쯤이라도 생각한 사람이라면 이런 결정은 할 수 없었을 일이다.

싸우지도 않고 첫 승리를 거둔 몽골군의 사기는 하늘을 찔렀다. 그들은 한 달도 못되어 귀주성을 공격했다. 귀주성의 사람들은 몽골에 거세게 저항하였다. 한 달여 동안 수단과 방법을 가리지 않고 공격을 퍼부었지만 귀주는 꿈쩍도 하지 않았다. 이에 귀주를 포기한 몽골군은 길을 돌아 수도 개경에 이르렀다. 개경이 포위되자 고종은 살리타의 본부로 회안공 왕정을 보내 강화를 요청했다.

원나라 황제는 살리타를 통해 답장을 보내왔다. 답장에서 황제는 저고여를 죽인 것을 꾸짖으며 고려가 무조건 항복하길 요구했다. 또 금은과 의복 2만 바리, 수달피 2만 벌, 말 2만 필 등 엄청난 재물을 요구했다. 게다가 왕손과 종실의 어린 남녀 1,000명을 인질로 보내라고 하였다. 고려는 사신들과 살리타 등 몽골 장수들에게 황금 등 재물을 바치며 달래 보냈다. 저고여를 죽인 것이 고려가 아니라는 변명과 함께 항복한다는 약속도 했다. 이 약속을 받아들여 몽골은 서경을 비롯한 40개 성에 72명의 다루가치(達魯花赤)와 약간의 군대만 남기고 철수했다. 다루가치의 원래 뜻은 '속박하는 사람'으로, 이는 일종의 총독과 같은 존재였다.

다음해 몽골 사신이 고려에 와서 정식으로 항복 절차를 밟도록 하였다. 그 과정에서 몽골은 끝까지 저항했던 귀주성 장수들의 항복을 요구했다. 그러나 귀주성의 장수 중 최춘명은 항복하기를 거부했다. 최우는 그를 잡아다 죽이려 했다. 일이 거기에까지 이르자 오히려 몽골의 사신이 이를 만류했다고 한다.

"최춘명은 우리에게는 적이지만 너희에게는 충신이다. 이미 항복한 너희가 성을 온전하게 지킨 충신을 죽여서야 되겠는가?"

최우는 명색이 무신 정권의 우두머리라는 사람이었다. 같은 무인으로서 최춘명의 기개에 칭찬하기는커녕 항복 안했다고 자기 편을 죽이려 하는 말도 안되는 상황이 벌어진 것이다. 이는 부하를 팔아서라도 자신만 살아보겠다는 몸부림으로밖에 보이지 않았다.

그 무렵 랴오둥에 머물러 있던 살리타는 고려의 내정을 간섭하겠다고 나섰다. 살리타는 자신을 대신하여 거란 사람 도단을 개경으로 보냈다. 그런데 도단은 오만 불손하기 짝이 없었다. 궁궐에 머물겠다고 떼를 쓰고 고려의 관리를 때려 죽이기도 했다. 그런데 살리타는 도단을 통해 여러 가지 사항을 계속 요구해왔다. 심지어는 고려 왕과 종친·공주·대신의 자제들을 몽고에 인질로 보내라고 강요하기도 했다. 고려는 이런 요구를 받아들이지 않았다. 그 결과 두 나라의 사이는 급격하게 나빠지기 시작했다.

이런 상황을 해결하고자 최우가 생각해낸 것이 강화도 천도였다. 전쟁을 피해서 강화도로 가는 것이 아니라 전쟁이 일어나지도 않았는데 미리 도망가자는 것이었다. 몽골군은 육지에서는 잘 싸우지만 바다에서는 힘이 약하다는 것을 감안한 결정이었다. 물론 반대하는 대신들도 있었다. 그런데 최우는 그들의 목을 베고 강화도 천도를 서둘렀다. 상황이 이쯤 되니 최우를 두려워 한 고종도 천도를 허락할 수밖에 없었다.

최우는 우선 2,000명을 강화도에 보내 궁궐과 관청을 짓게 했다. 그 과정에 자신의 집도 웅장하고 화려하게 지었다. 1년 만에 궁궐이 완성되자 고종과 조정 관리들을 모두 강화도로 이주시켰다.

고려의 천도 소식을 들은 몽골의 오고타이칸은 화를 내며 살리타에게 다시 고려에 쳐들어가라고 명령했다. 오고타이칸은 칭기즈칸의 아들로 아버지가 세상을 떠나자 그 뒤를 이었다. 살리타는 강화도에 사신을 보내 고종과 최우의 입조와 개경으로 돌아올 것을 요구했다. 입조는 황제를 만나러 몽골의 조정에 가는 것을 말한다. 이들은 이때부터 고려의 왕을 멋대로 오라 가라 하기 시작한 것이다.

고려는 오고타이칸의 명령을 따르지 않았다. 그러자 몽골은 두

● 경기 용인의 처인성 전적지. 관군도 아닌 승려 김윤후는 이곳 처인성 근처에서 적장 살리타를 화살로 쏘아 죽였다.

번째로 침략을 해왔다. 그들은 거칠 것 없이 경상도 지방까지 쳐내려갔다. 왕실과 조정은 이미 강화도로 도망간 후이니 육지에는 힘없는 백성들만 남아 몽골군의 살육과 약탈에 맞서 싸워야 했다. 고려의 백성들은 용감했다. 조정의 지휘 없이도 백성들은 몽골군에 맞서 치열하게 싸웠다. 고려의 승려 김윤후는 용인 처인성 근처에서 적장 살리타를 화살로 쏘아 죽였다. 살리타가 죽자 몽골군은 급히 군사를 돌렸다.

1233년 몽골은 또 다시 시비를 걸어왔다. 저고여를 죽이고 안 죽였다고 거짓말을 한 죄, 섬으로 도망친 죄, 허위 보고로 황제를 속인 죄, 사신을 죽인 죄 등을 물어 또 공격해오겠다고 협박했다. 1235년부터 4년여 동안 이어졌던 제3차 침략 때 몽골은 화해하자는 얘기도 꺼내지 않았다. 오로지 잔인하게 백성을 죽이고 약탈을 일삼았을 뿐이다.

고종과 무신 정부는 여전히 강화에 숨어 있었다. 왕실이 이렇게 오랫동안 수도를 비우자 육지에서는 반란이 일어났다. 이 반란은 귀주성을 끝까지 지켰던 김경손이라는 장수가 진압했다. 오랜 전쟁으로 나라 안이 엉망진창이 되고 반란까지 일어나자 고종은 몽골에 사신을 보내 항복하겠다는 의사를 밝혔다. 몽골은 순순히 항복을 받아들여 군대를 철수했다. 몽골 내부에서 권력 투쟁이 일어나 전쟁을 치를 상황이 아니었기 때문이다.

몽골은 항복의 조건으로 고종의 입조와 육지로 나와 수도로 돌아올 것(출륙환도)을 다시 요구했다. 하지만 고종은 섬에서 나오지도 않고 몽골에도 가지 않았다. 몽골이 한 발 양보하여 왕 대신 왕자를 몽골에 보내라고 했는데 다른 왕족을 왕자라 속여 보내기도 했다.

몽골에서는 오고타이칸이 죽고 그의 서장자인 구유크가 새로운 칸에 올랐다. 구유크칸은 내부의 권력 다툼을 정리하느라 다른 나라 정벌을 잠시 멈추었다. 하지만 고려의 정벌은 멈추지 않았다. 고려가 자신들의 말도 안 듣고 자꾸 거짓말을 해서 용서할 수 없다는 것이었다. 1247년 구유크칸은 아무간(阿毋侃)을 앞장 세

• 김포의 문수산성. 강 건너 갑곶진과 함께 강화 가는 길목을 장악할 수 있는 요충지였다. 성곽은 조선 숙종 때 지어졌지만 고려 때 몽골군이 이 산에 올라 강화도를 바라보고 도강을 시도했다고 한다.

워 네 번째로 고려를 침략해왔다. 제4차 침공은 구유크칸의 갑작스런 죽음으로 2년 만에 끝났다.

1249년 최우도 세상을 떠났다. 그렇지만 무신 정권은 끝나지 않았다. 그의 아들 최항이 후계자가 되었기 때문이다. 최항도 강화도에 머물기를 고집했다. 오히려 강화도 맞은편 승천부에 새 궁궐을 짓고 섬 둘레에 성을 더 많이 쌓았다.

1251년에는 몽골의 사신이 고려에 와 다시 한번 고종의 입조와 출륙환도를 요구했다. 그 무렵 새로 즉위한 황제 몽케칸은 고종의 대답을 재촉했다. 고종도 몽케칸의 요구를 받아들이고 싶었다. 오랜 강화도 생활에 싫증이 났기 때문이다. 고종은 최항에게 자기 생각을 얘기했다. 그런데 최항은 거부했다.

최항을 비롯한 무신들은 나라의 미래나 백성들의 안녕에는 관심이 없었다. 단지 자신들의 안위를 지키는 데만 급급했던 것이다. 물론 출륙환도가 고려에게 최선이 아니었을 수도 있다. 섬을 나간다는 것은 항복을 뜻하는 것이기 때문이다. 그런데 무신들이 출륙환도를 반대했다면 뭔가 대안을 내놓았어야 했다. 일단 나라와 백성들을 적의 말발굽 아래서 구했어야 하니 말이다. 그런데 그들은 자신들만 강화도에 숨어 있었다. 그리고 대책을 요구하는 사람들에게 아마도 이렇게 얘기했을 것이다.

"침략은 몽골이 했는데 나보고 어쩌라고?"

어쨌든 1252년 몽케칸은 다시 고려 정벌을 명했다. 제5차 침공이다. 이번에도 그들은 출륙환도를 요구했다. 또 강화성을 허물고 몽골에 귀순할 것도 요구했다. 최항은 끝까지 싸울 것을 선언했다. 고종에게는, 태자가 인질로 잡혀갈지 모른다는 얘기로 설득했다. 몽골은 제5차 침공 때도 내부 문제로 군사를 철수했다. 여전히 최항은 몽골에 강경한 입장을 보이고 있었다.

1254년 몽골이 또 쳐들어왔다. 제6차 침공이다. 왜 몽골에 협

조적이지 않느냐는 것을 시빗거리로 내세웠다. 몽골군은 이전의 그 어느 때보다 훨씬 더 잔인한 살육을 자행했다. 포로로 끌고 간 사람만도 20만 명이 넘었다. 고종은 몽골군의 대장에게 철군을 요청했다.

"왕이 육지에 나와 사신을 영접하고 태자가 입조하면 철군하겠다."

몽골의 요구는 한결 같았다. 그나마 입조 대상을 왕에서 태자로 양보하기도 했다. 전쟁을 끝내기 위해 고종은 섬 바로 건너편에 있는 승천부에 나와 사신들에게 연회를 베풀었다. 그런 소식을 들은 몽케칸은 철군을 명령했다. 그러나 이번에도 최항이 반대하여 출륙환도의 약속이 지켜지지 않았다. 최항은 몽골에 보내는 공납까지 거부했다.

1257년 완강히 환도를 거부했던 최항이 세상을 떠나고 그의 아들 최의가 뒤를 이었다. 그런데 또 다른 무인인 임연 등이 삼별초를 동원해서 최의의 집을 습격하는 일이 일어났다. 무신 정권의 독재자 최의가 살해당한 것이다. 이로써 최씨 정권은 끝이 났지만 무신 정권이 끝난 것은 아니다. 무신 김준이 다시 권력을 독차지했기 때문이다.

• 강화도의 고려 궁터. 몽골군은 출륙환도를 요구하며 침략을 거듭했지만 무신 정권은 왕이 섬에서 나가는 것을 끝내 반대했다.

최항이 세상을 떠난 그 해 몽골이 다시 쳐들어왔다. 제7차 침공이다. 고종은 더 이상은 버틸 수 없다고 생각했다. 완전한 항복을 결심한 것이다. 이전의 여섯 번의 침공에서 세 번은 몽골의 사정으로 철군을 했고 나머지 세 번은 고려가 항복했다. 결국 고려는 몽골이 침략한 28년 동안 네 번의 항복을 한 셈이다. 그러니 이 사건을 망국이라 하지 않을 수 없다.

1259년 드디어 고려의 태자가 황제를 만나러 몽골로 떠났다. 이와 함께 몽골군은 철수했고 강화도를 둘러싸고 있던 성을 허물게 하였다. 이로써 몽골과의 전쟁을 끝낼 수 있었다. 그 해 고려 국왕 중 가장 오랜 세월(45년 10개월) 동안 왕위에 있던 제23대 고종이 세상을 떠났다. 여전히 개경으로 돌아오지 못한 채였다.

제24대 원종의 이름은 왕전(王倎)이다. 그는 고려 태자로는 처음으로 황제를 만나러 중국 땅을 밟았다. 그런데 그때 고려에게 운명적인 사건이 발생했다. 왕전의 순간의 선택으로 고려의 왕실을 이어갈 수 있게 한 일이 벌어진 것이다.

태자 왕전은 남송을 정벌하러 간 몽케칸을 만나러 전쟁터로까지 찾아갔다. 그런데 황제가 있는 곳에 닿기도 전에 황제가 죽었다는 소식을 들었다. 이때 왕전은 무척 곤란한 지경에 처했다. 몽골의 황제 계승 다툼에 휘말렸기 때문이다. 당시 몽골에서는 쿠빌라이와 그 동생 아리크부케가 황제 자리를 놓고 다투고 있었다. 왕전은 결국 쿠빌라이를 선택하고 남쪽으로 내려가 그를 만났다.

• 충북 충주의 대몽 항쟁 전승 기념탑. 1253년 몽고의 5차 침입 때 충주성의 민간인들이 70여 일 동안의 치열한 공방전 끝에 충주성을 지켜냈다.

그런데 당시 몽골의 상황으로 봤을 때 황제의 자리를 차지할 확률은 쿠빌라이보다 아리크부케가 더 높았다. 새로운 칸을 선출하는 회의인 쿠릴타이는 몽골 제국의 수도 카라코룸에서 열릴 것이고 그렇게 되면 몽골 본토에 영토를 가지고 있고 아리크부케가 더 유리할 터였다. 그 상황을 알고 있던 쿠빌라이는 개평부에서 자신의 지지자들을 모아 먼저 쿠릴타이를 열었다. 쿠빌라이는 거기서 재빨리 새로운 칸에 즉위하였다.

그런데 이처럼 불리한 상황에 놓여 있던 쿠빌라이 앞에 고려의 태자 왕전이 입조를 하겠다고 나타난 것이다. 30년 가까이 몽골에 저항하던 고려의 태자가 아리크부케가 아니라 미래가 확실치도 않은 자신을 선택했다는 사실에 쿠빌라이는 크게 감동했다. 새로운 수도 대도(大都)에 입성할 때 쿠빌라이는 왕전과 동행했다. 다음 해 고려에서 고종이 세상을 떠났다는 소식을 들은 쿠빌라이는 왕전을 고려의 왕으로 대접을 해주었다.

"왕전을 제대로 대접하여 귀국하게 하면 군사 한 사람도 쓰지 않고 나라 하나를 얻을 것입니다."

조양필이라는 신하의 조언을 쿠빌라이가 받아들인 것이다.

고려로 돌아온 왕전은 몽골로 떠날 때의 그가 아니었다. 황제의 막강한 지원을 등에 업은 권력자로 돌아온 것이다. 1260년에 귀국한 왕전은 41세의 나이로 왕위에 올랐다. 그가 제24대 원종이다. 원종은 폐허가 된 개경에 새로 궁궐을 지으라고 명령했다. 환

• 강화도 고려 궁터에 있는 외규장각. 39년 동안 고려의 궁궐이 있던 이 터에 지금은 조선 시대의 왕립 도서관이었던 외규장각이 서 있다.

도하기로 마음을 굳힌 것이다. 하지만 무신의 우두머리였던 김준은 그 명령을 받들지 않았다. 아직은 왕의 힘이 부족했던 것이다.

몽골에서도 아리크부케는 쿠빌라이를 황제로 받아들이지 않았다. 그래서 카라코룸에서 쿠릴타이를 열어 자신도 황제의 자리에 올랐다. 몽골 황제가 두 사람이 된 것이다. 4년에 걸친 계승 전쟁에서 쿠빌라이가 아리크부케를 이겼다. 제위 분쟁을 끝낸 쿠빌라이는 중국의 전통적 황제 지배 체제를 도입했다. 이전 유목민 몽골의 풍습에서 벗어나 중국과 같은 제국을 건설한 것이다. 이것이 원나라이다. 쿠빌라이는 원나라의 초대 황제 세조(世祖)가 되었다.

고려의 원종이 원나라 황제의 지원을 약속 받고 돌아왔지만 고려 조정은 여전히 강화도에서 나오지 못한 채였다. 환도를 강력하게 원했던 원종은 삼별초의 책임자 임연을 시켜 무신 권력자 김준과 그 일파를 모두 제거했다. 그리고는 드디어 환도의 때가 왔다며 섬에서 나올 준비를 서둘렀다.

그런데 김준을 제거하고 새로운 권력자가 된 임연이 친원 정책을 펼치는 원종을 못마땅하게 생각했다. 그래서 원종을 협박하여 왕위를 빼앗았다. 대신 원종의 동생인 안경공 왕창(王淐)을 왕으로 앉히고 원나라에는 원종이 중병에 걸려서 물러났다고 알렸다.

원나라에 있다가 아버지가 중병에 걸려 왕위를 내놓았다는 소식을 들은 원종의 태자 왕심(王諶)은 부랴부랴 귀국길에 올랐다. 왕심은 개경에 들어설 즈음에 임연의 음모 때문에 원종이 폐위되었다는 사실을 알게 되었다. 그는 급히 원나라로 돌아가서 쿠빌라이를 만났다. 왕심은 아버지의 왕위를 되찾아달라고 쿠빌라이에게 간청했다. 쿠빌라이와 원종은 친구나 다름없는 사이였다. 쿠빌라이는 곧바로 고려에 사신을 보내 국왕 폐위 사건을 따졌다. 임연은 어쩔 수 없이 원종을 복위시켰다. 왕위를 되찾은 원종이 원나라에 입조하자 쿠빌라이는 무척 반가워했다. 그러면서 임연에게 입조하라는 명령을 내렸다. 원종은 아직도 출륙환도가 이뤄지지 못한 것에 대해 황제에게 사죄하고 귀국하면 곧 환도하겠다고 약속했다.

황제에게 처벌받을 것이 두려웠던 임연은 삼별초와 함께 강화도에서 몽골과 전쟁을 치를 준비를 하다가 세상을 떠났다. 권력을 이어받은 임연의 아들 임유무도 원종의 출륙 결정을 정면으로 반대했다. 강화도에 있던 백성들이 육지로 나오지 못하도록 군사들을 파견하기도 했다. 더 이상 기다릴 수 없었던 원종은 임유무를 암살하도록 지시하였다. 임유무가 살해되고, 이로써 100년 동안의 무신 정권이 드디어 막을 내렸다.

원종은 원나라의 힘을 빌려 무신들을 제압하고 개경으로 환도했다. 몽골과의 오랜 전쟁은 끝났지만 고려는 이후 80여 년 동안 원나라의 간섭을 받으며 속국과 같은 상황에 처하게 되었다. 이 시기를 원 간섭기라고 한다.

쿠빌라이는 자신의 막내딸 쿠틀룩켈미시(忽都魯揭里迷失)와 고려 태자 왕심을 결혼시켰다. 이때부터 고려는 원나라의 부마국이 되었다. 이후 원나라에서 여러 명의 공주가 고려로 시집 왔지만 그들은 모두 제후의 딸이었고 황제의 딸은 쿠틀룩켈미시 하나뿐이었다. 그녀는 남편 왕심이 왕위에 오른 후 제국대장공주에 봉해졌다.

아시아에서 몽골의 침략을 받고도 왕조를 온전하게 보존한 나라는 티베트와 고려뿐이라 한다. 티베트는 몽골이 믿는 티베트 불교의 종주국으로 인정받았고 고려는 부마의 나라가 되었던 때문이다. 고려가 그나마 완전히 속국이 되지 않고 왕조를 보존할 수 있었던 것은 30여 년에 걸친 고려 백성들의 끈질긴 저항과 원종의 운명적 선택 덕분이었다.

백성들의 피나는 노력으로 지켜낸 나라 고려는 이렇게 간신히 명맥만 유지해나가고 있었다. 그런데 왕이나 정치가들은 속국과도 같은 상황을 해결하려는 노력은커녕 한심한 작태들만 일삼았다. 친원 세력과 권문세족은 권력을 얻는 데 혈안이 되었고 그 권력을 이용하여 개인의 재산을 늘리는 데만 힘썼다.

아예 고려를 원나라의 한 성(省)으로 흡수해달라고 원나라에 요청한 대신들도 있었다. 이른바 입성책동(立省策動)이다. 참으로 어처구니없는 일이다. 이런 주장을 한 사람들에게 나라의 운명과 미래는 중요한 일이 아니었다. 아니 나라를 걱정하는 것은 자신들이 할 일이 아니라고 생각했을지도 모른다. 그저 자신들의 편안한 삶만 보장된다면 못 할 일이 없었던 것이다.

왕실도 크게 다르지 않았다. 왕들은 고려 왕보다 원나라의 귀족으로 살기를 원하기도 했다. 그래서 원나라에 가면 황제가 고려로 돌아가라고 등 떠밀 때까지 돌아오려 하지 않는 왕도 있었다. 이 시기의 왕들은 적극적으로 나서 고려를 개혁하고 원나라에 간섭당하는 상황을 해결하고자 노력하지 않았다. 자기가 직접 만든 상황도 아니고 자신은 힘도 없으니 해결할 책임도 없다고 생각하며 모두 다 남에게 미루고 있었던 것이다.

이때부터 고려의 왕은 '종'이나 '조'와 같은 묘호가 아닌, '왕'으로 끝나는 시호를 가진, 원나라의 조공국 왕 취급을 받았다. 원종 이전까지는 고려도 황제국의 형식을 취하고 있었다. '전하'가 아닌 '폐하'로, '세자'는 '태자'로 일컫고 있었는데 원나라에서 이를 금하고 중국의 제후국처럼 고치기를 요구했다. 쿠빌라이가 고려의 풍속을 유지할 수 있도록 해주겠다는 약속을 했음에도 말이다.

특히 제25대 충렬왕부터는 왕의 시호 앞에 '충성 충(忠)'자를 붙였다. 이는 원나라에 충성을 바친다는 의미였다. 또 왕자가 태어나면 어릴 적에 원나라로 보내서 원나라식 생활을 하며 원나라 선생에게 원나라 글을 배우며 원나라 친구들을 사귀며 자라게 했다. 더구나 어른이 되면 원나라 공주와 결혼시켜 고려로 내보내 왕위에 오르게 했다. 고려의 왕은 원나라 공주와 결혼해야만 비로소 막강한 위상을 갖출 수 있었다. 처가가 왕권의 배경이 되어준 것이다. 게다가 원나라 공주에게서 태어난 왕자가 다음 왕위를 잇곤 했으니 고려 왕들은 순수한 고려 혈통이 아닌 경우도 많았다.

충렬왕은 적극적으로 친원 정책을 펼쳤다. 귀국할 때 변발에 몽골식 옷을 입고 들어와 백성들이 눈살을 찌푸렸다. 그런데 충렬왕은 아랑곳 않고 신하들에게도 몽골의 복식을 강요했다. 그의 왕비였던 제국대장공주는 황제의 딸임을 과시하며 남편보다 더 강한 영향력을 행사했다. 충렬왕은 태자일 때 이미 결혼을 해서 태자비 정화궁주가 있었는데 제국대장공주와 결혼한 후 먼저 결혼한 정화궁주는 제2비로 밀려나야 했다. 아내에게 실권을 빼앗긴 충렬왕은 사냥과 여색에 빠져들었고 이는 다시 제국대장공주와의 갈등을 낳는 악순환이 계속되었다. 나중에 충선왕이 되는 세자 왕원(王謜)도 어머니의 영향을 받아 부왕과 갈등하게 되었다.

그래도 쿠빌라이는 사위인 충렬왕을 많이 지원해주었다. 충렬왕은 쿠빌라이를 설득해 몽골 항쟁 시기에 잃었던 서경 근처와 제주도를 되찾았다. 그런데 충렬왕의 막강한 지원자 쿠빌라이가 1294년에 세상을 떠났다. 이 무렵 이지르부카(益知禮普花)라는 몽골식 이름을 가진 세자 왕원은 원나라 진왕의 딸인 보타시리(寶塔實憐) 공주(계국대장공주)를 아내로 맞았다. 왕원은 원나라 세조 쿠빌라이의 외손자이며 왕실의 사위로서 막강한 힘을 얻게 되었다.

1297년 충렬왕비 제국대장공주가 세상을 떠났다. 원나라에 있던 왕원은 어머니의 죽음에 의혹을 품고 고려로 달려왔다. 그리고는 아버지가 사랑하는 후궁을 비롯하여 아버지의 측근을 모조리 제거하고는 원나라로 가버렸다. 충렬왕은 아들의 처사에 몹시 화가 나고 분했지만 참을 수밖에 없었다. 제국대장공주가 죽었으니 충렬왕은 더 이상 원나라의 부마가 아니었다. 그런데 새로 원나라 공주와 결혼한 세자는 원나라의 강력한 지원을 받는 존재였던 것이다. 충렬왕은, 떠오르는 태양과도 같은 세자에게 당연히 밀릴 수밖에 없었다. 당시 고려는 이렇게 원나라의 힘에 좌지우지되는 상황이었다.

힘이 빠져버린 충렬왕은 왕위를 내놓고 태상왕으로 물러앉았다. 그런데 그 뒤를 이은 충선왕은 5개월 만에 왕위에서 쫓겨났다. 충선왕이 고려 여자 조비를 가까이 하자 질투를 느낀 충선왕비 계국대장공주가 원나라 조정에 이를 고자질한 것이다. 원나라는 조비를 압송하고 충선왕으로부터 국왕의 인을 빼앗아 충렬왕에게 돌려주었다.

충렬왕은 원나라에 연줄이 없는 이유로 아들에게 밀려났다가 다시 원나라의 힘으로 왕위를 되찾았다. 반면 쿠빌라이의 외손자이며 원나라의 부마로 막강한 힘을 가졌던 충선왕은 원나라 공주의 말 한 마디에 왕의 자리에서 내려와야 했다. 이렇게 당시 고려왕은 새털보다 가볍고 힘이 없는 존재였다. 그래서 고려 왕들은 이렇게 생각했을 것이다.

"내 힘으로는 어찌 할 수가 없다. 나로서도 어쩔 수 없는 일이야."

그런데 충선왕이 왕위를 빼앗긴 배경에는 공주의 질투심 외에도 다른 요인이 있었던 듯하다. 친원 성향을 띤 충선왕이었지만 그래도 처음에는 원나라의 그늘에서 벗어나려는 노력을 기울였다. 그는 세력가들에게 빼앗겼던 땅을 주인들에게 돌려주는 것을

• 강화도의 광성보. 강화 천도 이후 몽골의 침략에 대비하기 위해 쌓은 강화성의 일부이다. 조선 후기 신미양요 때 최대의 격전지이기도 했다.

비롯하여 고려 사회에 널리 퍼져 있던 여러 폐단을 개혁하겠다고 선언하였다. 전면적인 관제 개혁도 하고 부패의 온상이 되었던 정방이 하던 인사 행정 등 중요한 일은 사대부들에게 맡겼다. 충렬왕은 천민 출신을 관료로 등용했는데 충선왕은 이들 중 물의를 일으켰던 사람들을 "세력 있는 집안, 자기 이익을 앞세우는 자, 교활한 무리들"이라 비판하며 조정에서 축출하였다. 또 고려의 전통을 회복하기 위해 원나라 식으로 바꿨던 관직 등을 이전으로 되돌렸다.

그런데 이런 개혁의 움직임이 기득권층에게는 커다란 불만으로 여겨졌을 것이다. 당연히 원나라에게도 위협적으로 다가갔을 것이다. 그런 상황에 조비의 문제가 터졌다. 충선왕 폐위 조치의 원인이 단순한 집안 문제가 아니라는 근거는 충렬왕이 받은 황제의 조서에서도 찾을 수 있다.

"원(충선왕)이 왕위에 오른 후 정치를 독단으로 행하고 일을 처결하는 것이 정당하지 못하여 여러 사람이 의심하며 두려워한다고 한다. 이는 아마도 원의 나이가 장년에 이르지 못해 경험이 적기 때문에 짐이 가까이 신임했던 뜻에 부응하지 못한 까닭이다. 이제 경(충렬왕)에게 과거대로 국정을 다스리도록 한다. 원은 이곳에 불러들여 대궐에서 일을 확실하게 가르치겠다."

충렬왕은 복위를 하고 충선왕은 원나라로 들어갔다. 충렬왕은 복위한 후에도 연회와 사냥으로 세월을 보냈다. 왕이 이렇게 향락에 빠져 있으니 귀족들 사이에도 퇴폐적인 문화가 퍼져나갔다. 이 무렵, 훗날 조선의 유학자들이 '남녀상열지사(男女相悅之詞)라 비판하던 음란한 문학 작품도 많이 만들어졌다.

충렬왕과 충선왕 부자 사이는 더욱 나빠졌다. 충렬왕 주변 사람들은 충선왕의 힘을 약화시키기 위해 계국대장공주와의 이혼을 계획했다. 그들은 왕위를 충렬왕의 10촌 동생 서흥후 왕전(王

璵)에게 물려주고 충선왕비인 계국대장공주를 왕전에게 개가시키라고 충렬왕에게 제안했다. 원나라 공주와 이혼하면 충선왕은 끈 떨어진 뒤웅박 신세가 된다. 놀랍게도 충렬왕은 이 제안을 받아들였다.

그들에게는 누가 왕이 되든 상관없지만 원나라 공주의 권력은 필요했다. 충선왕과 공주 두 사람 사이에 불화가 있다고는 하지만 여전히 부부 관계를 유지하고 있는 세자비를 다른 사람에게 시집보내라는 것도 정말 말이 안 되는 주장이었다. 그런데 이런 주장이 나올 수 있었던 당시 상황에 더욱 놀라움을 금할 수 없다.

이 소문을 들은 충선왕은 원나라의 도움으로 아버지의 측근들을 잡아들였다. 충렬왕은 이 상황을 원나라에 가서 따지려 했지만 실패했다. 황제가 입조를 거부했기 때문이다. 어쨌든 왕 부자의 불화는 고려에서든 원나라에서든 커다란 웃음거리가 되었다. 고려 조정 대신들은 충렬왕 편과 충선왕 편으로 나뉘어 서로를 트집 잡아 원나라에 고자질하여 상대를 제거하려는 데 에너지를 허비했다.

1307년 원나라 황제 성종이 세상을 떠나자 원나라는 다시 황제의 자리 다툼이 일어났다. 그때 충선왕이 나서서 중재를 하여 무종(武宗) 카이샨이 황제에 오르고 그 동생 아유르바르와다가 황태자가 되었다. 중재의 공으로 충선왕은 막강한 권력을 쥐게 되었다. 수많은 고려인이 살고 있는 랴오닝과 선양을 총괄하는 심양왕이 되었던 것이다.

충렬왕은 아직 임금의 자리에 있었지만 하루아침에 허수아비가 되어버렸다. 삽시간에 음지가 양지 되고 양지가 음지가 되어버린 것이다. 실권을 장악한 충선왕은 아버지 측근의 사람을 모두 숙청했다. 무기력하게 고려로 돌아온 충렬왕은 다시 왕위를 내놓았고 이후 숙창원비의 집에서 여생을 보내야 했다.

충선왕의 복위 후에는 원나라에 대한 의존도가 더욱 높아졌다. 그럼에도 불구하고 그는 첫 즉위 때처럼 개혁을 시도했다. 복위 교서에서 정치 기강을 확립하고 동성 결혼을 금지하며 귀족의 횡포를 엄단하겠다는 의지를 밝혔다. 하지만 그 의지는 오래가지 못했다. 그만큼 기득권층인 문벌 귀족의 저항도 강했고 무엇보다 충선왕 자신이 정치에 싫증을 느꼈기 때문이다.

정치를 멀리하면서 충선왕은 부왕의 후궁 숙창원비를 자신의 후궁으로 만드는 패륜을 저질렀다. 심지어 숙창원비는 자신이 아버지에게 바친 여자였다. 이런 행위는 고려의 풍속으로는 있을 수 없는 일이었다. 그런데 당시 원나라에는, 부왕이 죽으면 친어머니를 제외한 다른 후궁들은 아들이 취할 수 있는 풍습이 있었다. 충선왕은 원나라의 풍속을 따르기로 한 것이다.

충선왕은 급기야 숙부인 제안대군에게 조정을 맡기고 원나라로 가버렸다. 충선왕은 정말 원나라 생활을 좋아했던 것 같다. 그는 재위 기간의 대부분을 원나라에서 보냈다. 국내에는 들어오지 않고 선양에서 전지(傳旨, 임금의 뜻을 해당 관청이나 관리에게 전하여 알리는 일)를 통해 고려를 다스렸다.

게다가 충선왕의 원나라 살림을 위해 고려 조정은 막대한 경비를 지불해야 했다. 대신들이 고려로 돌아올 것을 간청했지만 충선왕은 들은 척도 안 했다. 대신들은 충선왕을 데려오도록 세자 왕감(王鑑)을 원나라로 보내려 했다. 그런데 충선왕은 느닷없이 왕위를 세자에게 물려준다는 선위 교서를 썼다가 이내 찢어버렸다. 그리곤 고려로 돌아와 왕감과 그의 측근을 죽이고 다시 선양으로 돌아갔다. 주변에서 이들 부자 관계에 이간질한 세력이 있었던

• 강화산성의 남문. 몽골은 전쟁을 끝내며 강화도의 궁궐과 성을 허물 것을 요구했다. 성곽을 허물던 백성들은 차라리 성을 쌓지나 말걸 하며 통탄했다고 한다.

것이다.

1311년 원나라 황제 무종이 세상을 떠나고 인종(仁宗)이 황제가 되었다. 인종은 충선왕 덕분에 황태자가 되었던 사람이다. 그는 그 공로로 충선왕을 원나라에 계속 머물 수 있도록 승인해주었다. 하지만 고려의 대신들이 왕의 귀국을 계속 조르고 인종도 귀국하라고 종용하자 충선왕은 아들 왕도(王燾)에게 왕위를 물려주었다. 왕도가 고려 제27대 충숙왕이다. 이때 충선왕의 나이는 불과 38세, 새로 왕이 된 충숙왕은 19세였다. 라트나슈리(阿剌訥忒失里)라는 몽골식 이름을 가졌던 왕도는 왕위에 오를 때까지 고려 말도 배우지 못했다.

충선왕은 즉위식에서 왕고(王暠, 몽골 이름 올제이트(完澤禿))를 고려의 세자로 책봉한다고 발표했다. 왕고는 충선왕의 형 강양공의 아들로, 충숙왕의 사촌동생이며 충선왕의 양자였다. 그때 충숙왕의 후사가 없었다고는 하지만 아직 젊은 왕의 후사를 기다리지도 않고 조카를 고려의 세자로 삼은 것은 충선왕이 아들 왕을 견제하고 자신이 세력을 계속 유지하기 위해서였다. 충선왕의 이 결정은 두고두고 충숙왕의 발목을 잡았고 고려 사회 혼란의 불씨가 되었다.

충선왕은 원나라로 돌아간 후에도 고려의 정치에 깊이 관여하였다. 관리를 임명하고 면직시키는 것이나 왕실의 창고 출납 권한도 충선왕이 가지고 있었던 것이다. 그는 왕위에서 물러난 후에도 호화로운 불교 행사를 주최하고 궁궐을 새로 짓게 하는 등 고려 왕실의 권위를 높이려는 노력을 했다. 하지만 이런 사업들이 고려의 재정을 악화시켰다. 그래도 국왕인 충숙왕은 아버지를 말릴 수 없었다. 실권도 없고 언제 아버지가 왕고를 고려의 국왕으로 데려올지 모르기 때문이었다.

충선왕은 원나라 정계에서도 큰 활약을 하였다. 과거 시험을 치러 인재를 뽑게 하고 만권당이라는 개인 연구소를 세워 당대 최고의 학자들과 교류도 하였다. 그런 충선왕을 무척 신임한 인종은 충선왕에게 우승상이 되어달라고 요청했다. 하지만 충선왕은 다음과 같은 말로 극구 사양하였다.

"신이 소국을 맡는 일도 책임을 다하지 못할까 두려워 아들에게 전위하기를 청했는데 하물며 황실의 중책을 어찌 맡을 수 있겠습니까? 어떻게 영화를 탐내어 폐하의 밝은 정치에 누를 끼치겠습니까? 감히 목숨을 걸고 주청합니다."

충선왕은 중책을 사양함으로써 정적들의 시기와 표적이 되는 것을 피하면서 황제 가까이에 남아 있을 수 있었다. 심양왕의 자리도 조카 왕고에게 물려주고 충선왕은 한동안 여유로운 삶을 즐기며 살았다.

그런데 인종이 죽고 영종(英宗)이 즉위하면서 그의 한가로운 삶은 깨지고 말았다. 영종은 충선왕을 그다지 좋아하지 않았다. 충선왕이 자신의 거취를 확실하게 밝히지 않았기 때문이다. 고려왕이 아니면서 고려에도 권력을 행사하고 원나라의 대신이 아니면서 원나라 조정 일에 간섭하는 것이 못마땅했던 것이다. 원나라 황실에서 귀국을 종용하니 충선왕이 "지금 마침 농사철이니 청컨대 추수를 기다렸다가 그 뒤에 돌아가게 하소서."라며 이유 같지도 않은 이유를 들어 귀국을 미루는 것도 마땅치 않았다.

그 무렵 고려인 환관 임바얀투구스(任伯顏禿古思)가 충선왕을 모함했다. 충선왕은 임바얀투구스가 성격이 간악하고 음험하며 옳지 못한 일을 많이 한다며 원래 그를 미워했다. 황태후에게 주청해서 임바얀투구스가 백성들로부터 빼앗은 토지와 노비를 돌려주라며 그에게 매질을 하게 하기도 했다. 그 일로 충선왕은 임바얀투구스의 원한을 산 것이다.

충선왕은 형부(刑部)에 잡혀 머리가 깎이고 석불사라는 절에 갇혔다가 대도 옌징에서 1만 5,000리나 떨어진 티베트 사스카야(撤思迦)에 유배되었다. 영종은 불교 학습을 구실로 충선왕을 그 먼 곳까지 쫓아 보냈는데, 사실은 임바얀투구스의 무고와 황태후와의 갈등 때문에 내린 결정이었다.

충선왕은 유배되기 전에 라마교에 귀의하였다. 그래서 '불교 학습'이란 구실이 만들어진 것이다. 유배간 곳은 라마교의 성지였지만 충선왕에게는 그곳에서의 생활이 고통스럽기만 했다.

"독기로 가득 찬, 못 살 곳이란 말은 예부터 들은 바이나, 옌징을 떠나 몇 만 리나 걸어 왔던고. 길손이 가진 고초 꿈결 같이 겪고 나니, 임 생각 슬픈 회포 어찌 다 참을손가."

아들 충숙왕에게 이렇게 하소연하는 편지를 보내기도 했다. 충선왕이 라마교에 심취했다고는 하지만 이도 원나라 황실에서 자신의 위치를 확보하기 위한 하나의 방책이었던 것 같다.

• 경북 경주 분황사의 당간 지주. 담장을 맞댄 황룡사 못지않게 규모가 컸을 분황사도 몽골의 침략을 비롯한 수차례의 전란으로 자그마한 절이 되어버렸다.

충선왕은 다행히 귀양지에서 생을 마치는 비운을 겪지는 않았다. 영종이 살해되고 태정제가 황제에 올랐는데 그가 바로 충선왕의 처남이었기 때문이다. 덕분에 사면을 받았지만 충선왕은 끝내 고려로 돌아오지 못했다. 귀양에서 풀려난 지 2년 만에 선양에서 세상을 떠난 것이다.

충숙왕은 원나라의 영왕(營王)의 딸 이린첸발(亦憐眞八喇, 복국장공주)과 결혼하여 원나라의 부마가 되었다. 하지만 부부 사이는 별로 좋지 못했다. 충숙왕은 일종의 결벽증 증세에 시달리며 한 달에 60여 필의 수건을 써야 할 정도로 목욕을 많이 했다. 충숙왕의 결벽증 때문에 두 사람 사이에 금이 가기 시작했다. 두 사람은 수시로 부부 싸움을 했고 충숙왕은 복국장공주에게 손찌검까지 했다.

충숙왕은 공주와의 결혼 전에 이미 고려 여자와 결혼한 상태였다. 그 고려 여자는 충혜왕과 공민왕의 어머니인 공원왕후 홍씨였다. 복국장공주는 공원왕후를 질투하여 대궐에서 쫓아냈다. 이 일로 충숙왕과 공주의 관계는 더욱 나빠졌다.

그런데 그 무렵 복국장공주가 세상을 떠났다. 공주의 사인에 의혹을 품은 원나라에서는 이상지(李常志)라는 사신을 보내서 진상을 파악하게 하였다. 고려에 온 이상지는 공주의 궁녀들과 요리사를 집중적으로 추궁한 결과 공주가 충숙왕에게 자주 구타를 당했다는 진술을 얻게 되었다.

"지난해 전하께서 연경궁에서 덕비(공원왕후)와 몰래 밤을 지냈는데 그걸 공주님께서 알고 쫓아가 따졌지요. 그때 전하께서 공주님을 마구 때리다가 코피가 나니까 비로소 멈췄습니다. 또 그 후 유련사에 두 분이 가셨을 때도 말다툼을 하셨는지 전하께서 공주님을 마구 때리는 것을 주변에서 간신히 말렸습니다."

충숙왕은 이들이 심한 고문으로 거짓 자백했다는 공문을 원나라에 보내게 했다. 원나라에서는 의심을 했지만 두 나라의 관계를 고려하여 그쯤에서 일을 덮었다.

위기에서 벗어난 충숙왕은 또 다른 파멸의 상황과 맞닥뜨렸다. 심양왕 왕고 밑에서 일하던 백응구라는 신하가 심양왕의 금고를 털어 고려로 도주한 것이다. 왕고의 하소연으로 이 일을 알게 된 영종은 백응구를 소환하는데 협조하라는 편지를 충숙왕에게 보냈다. 그런데 고려에서 백응구를 잡지 못하자 왕고는 충숙왕이 황제의 편지를 찢어버렸다고 무고하였다. 충숙왕이 협조를 안 한 것이 아니라 자신들이 잡지 못한 건데 그 책임을 충숙왕에게 덮어씌워 충숙왕 제거의 구실로 삼으려 한 것이다.

악의에 찬 왕고의 무고만 믿고 분노한 영종은 충숙왕을 원나라로 불러들였다. 충숙왕은 기어이 옥새를 빼앗기고 원나라에 붙들려 있게 되었다. 부왕 충선왕은 티베트에 유배되었고, 충숙왕은 원나라 대도의 저택에 감금된 것이다. 충숙왕은 4년 동안 돌아오지 못했고 그동안 고려는 왕 없이 나라를 유지해야 했다.

충숙왕이 원나라에 잡혀 있는 사이에 고려 왕 후보로 가장 유력하게 떠오른 것은 심양왕 왕고였다. 왕고는 영종의 지원을 받아 고려 왕이 될 준비를 철저히 하고 있었다. 그는 이때 원나라의 실력자인 양왕의 딸과 결혼하여 정치적으로 탄탄한 입지도 다지고 있었다. 왕고는 이미 자신이 고려 왕이 된 양, 충숙왕을 잘 보필하지 못했다고 고려의 대신들을 꾸짖기도 하고, 이제까지의 잘못을 반성하고 앞으로 원나라를 잘 받들어 모시라는 훈계의 글을 다음과 같이 보내기도 했다.

"너희의 왕이 왕위를 이어받은 이래 사냥을 함부로 하여 농사를 방해하고 술을 좋아하고 음악을 즐기며 황제의 사신을 영접하지 않았다. …… 너희가 왕의 비위를 맞추어 나라의 기강은 크게 무너지고 사대(事大)하는 예절은 다른 여러 나라에 뒤떨어지게 되었다. 너희는 지금부터 반성하여 살피도록 하여라."

또 대신들을 협박하여 충숙왕이 그동안 얼마나 잘못했는지를 고하는 편지를 원나라에 써보내게도 하였다. 그 정도에서 끝난 게 아니다. 이때 유청신과 오잠이라는 고려의 대신들이 아예 원나라의 한 성으로 고려가 편입되어야 한다는 이른바 입성 책동(立省策動)을 벌였다. 고려에 성(省)을 세우고 원의 내지(內地)와 같게 하기를 청한 것이다. 이때 이들의 제안이 원나라에서 받아들여졌다면 고려라는 나라는 아예 없어지는 것이었다.

그런데 원나라가 오히려 이 제안을 거절하였다. 실익보다는 폐해가 더 많았기 때문이다. 우선 표면적 이유는, 세조 쿠빌라이가 고려를 완전히 점령하지 않고 자신의 친딸을 고려 왕에게 시집보낸 것은 그의 '신성한 계책'이었는데 그것을 무너뜨릴 수 없다는 것이었다. 고려는 대대로 신하로서의 예절을 잃지 않고 원나라의 동쪽 울타리가 되어 원나라를 보호하는 역할을 해왔다는 이유도 있었었다. 또 고려를 원나라의 성으로 편입시키면 관리들의 봉급이나 군사의 주둔 비용 등을 국가의 경비로 소모하게 되기 때문에 받아들일 수 없다는 것이다. 물론 별 실익이 없는 일로 하여 고려 백성들의 원성을 살 필요는 없었기 때문에도 제안을 거절한 것이다.

원나라는 입성 책동의 주동자들을 잡아들이라고 명했다. 그들의 죄목은 "참소와 이간질을 하다가 그의 왕에게 죄를 얻고는 독심을 품고 제 나라 뒤엎기를 꾀하여 스스로 편하기를 기도한 것"이었다. 또 "그들은 본심으로 원나라에 충성을 바치려는 것이 아니니 개돼지만도 못한 자들"이라고 비난했다.

이 입성 책동은 왕고에게는 악재가 되었다. 입성 책동 때문에 그가 고려 왕이 되는 것이 유야무야되어버렸기 때문이다. 영종의 뒤를 이은 태정제는 충숙왕에게 옥새를 내주고 고려로 돌아가도록 해주었다.

충숙왕은 4년 만에 개경에 돌아왔다. 그런데 그동안 나라 돌아가는 것이 엉망이 되어 있었다. 충숙왕은, 왕고를 고려 왕으로 세우려 한 사람들, 입성 책동을 했던 사람들을 모두 벌주려고 했다. 하지만 그 일에 관련된 대신들은 여러 가지 변명을 내놓았다.

"왕고를 고려 왕으로 추대한 것은 착오로 생긴 일이었습니다."

"티베트에 유배된 충선왕의 환국을 청하는 문서인 줄 알고 서명했는데 나중에 알고 보니 왕고를 왕으로 올리자는 상소였습니다."

이 두 가지 일에 관련되지 않은 사람이 거의 없을 지경이어서 진상 조사는 좀처럼 진척되지 않았다.

원나라에 4년 동안 억류되었던 충숙왕은 원나라를 무척 두려워하는 증세를 보이기 시작하였다. 대신 중 최안도라는 사람이 궁궐에 수행원을 많이 거느리고 오는 것을 보고 원나라 사신인줄 알고 깜짝 놀랐는데 뒤늦게 사신이 아닌 것을 알고 무척 화가 나서 최안도를 섬으로 귀양 보낸 일이 있을 정도이다.

충숙왕과 왕고는 사촌 형제이다. 두 사람이 힘을 합해 원나라에 대항을 해도 시원찮을 판에 둘은 왕권 다툼으로 모든 에너지를 허비하고 있었다. 입성 책동을 벌였던 심왕파 유청신과 오잠은 원나라에 가서 충숙왕이 눈이 멀고 귀가 먹어서 정사를 돌볼 수 없는 상태라고 거짓 보고를 하기도 했다. 또 과거에 충선왕이 왕고를 고려의 세자로 책봉했는데 충숙왕이 충선왕을 꾀어 세자인을 훔쳐갔으며 왕고의 사택, 심왕파 대신들의 토지와 사택을 강탈해갔다고 거짓 고발도 하였다. 태정제는 이 사건을 해결하기 위해 고려에 조사단을 파견하였다.

그런데 고려에 온 조사단은 멀쩡한 충숙왕을 만날 수 있었다. 충숙왕은, 왕고가 심왕직에 있기 때문에 고려 세자를 겸할 수 없으며 유청신 등의 토지를 몰수한 것은 백성들로부터 부당하게 빼앗은 것을 원래 주인들에게 돌려준 것이라고 설명하였다. 조사단은 원나라에 가서 충숙왕의 말을 그대로 전했고 거짓 보고와 참소를 했던 왕고파 대신들은 원나라에 잡혀가게 되었다. 이 일로 날개가 꺾여버린 왕고는 한동안 충숙왕을 괴롭히지 못했다.

1330년 정치에 싫증난 충숙왕은 큰아들 왕정(王禎)에게 고려 왕의 자리를 물려주고 원나라로 떠났다. 원나라에서 충숙왕은 원나라 황실의 숙공휘령공주와 결혼했다. 새로 왕위에 오른 왕정이 제28대 충혜왕이다. 이때 충혜왕의 나이는 16세였고 그의 몽골식 이름은 보타시리(普塔失里)였다. 충혜왕은 성품이 호탕하여 말 타고 활쏘기를 좋아했으며 사냥과 격구 등 놀이와 여색을 즐겼다. 충혜왕은 세 번이나 폐위를 당하고 결국 귀양 길에서 세상을 떠날 정도로 파란만장한 재위 기간을 거쳤다.

충혜왕의 가장 큰 문제는 탐욕과 황음무도함이었다. 그런 충혜왕이 아버지를 제치고 왕위를 차지할 수 있었던 것은 원나라의 승상 엘 테무르가 충혜왕을 아꼈기 때문이다. 당시 엘 테무르는 툭 테무르를 황제(문종)로 만든 사람이었기 때문에 그의 말 한 마디가 고려 왕을 바꿀 수 있을 정도로 힘이 있었다.

그런데 2년 후 엘 테무르가 세상을 떠나자 충혜왕은 다시 왕위를 아버지에게 넘겨야 했다. 엘 테무르에 이어 승상이 된 바얀은 충혜왕의 사생활을 문제로 제기했다. 충혜왕이 회족 소년들을 불러다 즐기고 회족 여자와 연애하느라 나랏일을 소홀히 한다며 그의 폐위를 주장했다. 결국 황제는 충혜왕을 폐위하였다.

- 충북 충주 미륵리사지의 석조 귀부. 미륵리에 있던 절은, 몽골군에 극렬히 항쟁했지만 관가에 의해 약탈의 죄를 뒤집어쓴 노비군들의 정신적 안식처였다.

복위하여 옥새를 되돌려 받은 충숙왕은 원나라로부터 벗어나려는 노력을 기울이기도 했다. 원나라의 황제인 순제에게 무리한 세공을 삭감하고 공녀와 환관의 선발을 중지하도록 청원도 했다. 그런데 나라를 위해 뭔가를 해보려던 충숙왕의 의지는 곧 사라지고 그는 이내 사냥과 유흥을 즐기느라 나랏일을 멀리하였다. 충숙왕도 결국 고려에 근본적인 해결책을 내놓지 못한 채 세상을 떠나고 말았다.

충혜왕은 아버지의 유언에 따라 다시 왕위에 올랐지만 나랏일에는 도무지 관심을 두지 않았다. 거기다 이루 말할 수 없는 패륜적 행동을 저지르기 시작했다. 그는 충숙왕의 후궁인 수비 권씨를 강간했다. 권씨는 수치심을 못 이겨 자살했다. 그 후 충혜왕은 충숙왕의 왕비였던 숙공휘령공주를 겁탈했다. 분노한 공주가 원나라로 가려 하자 충혜왕은 말 시장을 못 열리게 하여 공주가 말을 구하지 못하도록 하였다. 숙공휘령공주는 원나라 공주였기 때문에 수비 권씨 때와는 상황이 달랐다.

숙공휘령공주는 심양왕 왕고의 일파인 조적에게 이 상황을 알렸다. 조적은 왕고를 고려 왕으로 옹립하는 데 이 사건을 이용하려 했다. 이 사건이 세상에 알려지면 황음무도한 충혜왕이 쫓겨나고 왕고가 그 자리를 차지할 수 있을 것이라 생각한 것이다. 그런데 생각과는 달리 충혜왕이 쫓겨나지 않았다. 일이 계획대로 진척되지 않아 초조해진 조적은 왕고를 고려 왕으로 추대하고 반란을 일으켰다. 하지만 충혜왕의 친위대가 이내 반란군을 진압하였다. 이때 왕고는 원나라로 도망쳐서 승상 바얀에게 공주의 사건을 알렸다. 바얀은 사신을 개경으로 보내 충혜왕을 폐위시키고 원나라로 잡아갔다. 두 번째 폐위였다.

그런데 1340년 바얀이 세상을 떠나고 충혜왕은 다시 고려 왕으로 돌아오게 되었다. 두 번이나 쫓겨났다가 돌아왔지만 충혜왕은 여전히 정신을 못 차리고 주색과 사냥을 일삼고 정사를 돌보지 않았다. 새로 궁궐을 짓는데, 개성에서는 "왕이 민가의 어린이 수십 명을 잡아 새 궁궐의 주춧돌 밑에 묻고자 한다."라는 소문이 돌아 집집마다 아이를 안고 도망하고 숨는 등 소란이 일기도 했다. 왕에 대한 백성들의 신뢰도가 어떠했는지 알 수 있는 일화이다. 충혜왕은 아무 여자나 함부로 겁탈하는 습성을 버리지 못했다. 왕이 그러니 백성들의 성 도덕도 문란해졌다.

충혜왕의 이런 잘못들은 모두 원나라에 보고되었다. 고려 출신으로 원나라의 황후가 된 기황후 집안 사람들은 충혜왕을 특히 미워했다. 충혜왕이 내시 전자유의 아내 이씨를 강간한 적이 있는데 이씨는 기황후의 동생 기륜과 친척 사이였다. 화가 난 기륜이 충혜왕의 내시를 때리자 충혜왕이 기륜의 집을 허물어버렸다고 한다. 충혜왕을 원나라 조정에 고발한 사람 중에는 기황후의 오빠 기철도 끼어 있었다.

기철 등의 고발을 접한 황제(순제)는 충혜왕을 잡아들이라 명령했다. 사신들은 영접하러 나온 충혜왕을 다짜고짜로 발로 차 넘어뜨리고 밧줄로 묶어 원나라로 끌고 갔다. 순제는 끌려온 충혜왕을 보고 다음과 같이 말했다고 한다.

"그대의 피를 온 천하의 개에게 먹여도 부족할 지경이지만 내가 살인을 즐겨 하지 않아서 유배를 보내는 것이다. 그러니 나를 원망하지 말라."

충혜왕은 대도 옌징에서 2만 리나 떨어진 게양현으로 귀양 가게 되었다. 그러나 충혜왕은 귀양지에 닿지도 못하고 악양현에서 세상을 떠났다. 그때 그의 나이 30세였다. 왕이 독살되었다는 소문도 있었지만 고려 백성들은 그저 폭군이 죽었다는 소식에 모두 기뻐했다고 한다.

충혜왕의 뒤를 이어 그의 장남 왕흔(王昕)이 왕위에 올랐다. 제29대 충목왕이 된 그의 나이는 8세였다. 순제는 왕흔이 후계자가 될 자격이 있는지를 살펴보기 위해 다음과 같이 물어보았다고 한다.

"부모 가운데 누구를 본받으려 하느냐?"

"어미를 본받으려 합니다."

거침없는 왕흔의 대답에 순제는 즉위를 허락했다. 충목왕의 어머니는 원나라 출신의 덕령공주였다. 충목왕의 왕 노릇은 이렇게 아버지를 부인하고 더 나아가 조국을 부인하는 답변으로 시작되었다.

충목왕의 재위 기간은 실제로는 덕령공주의 통치 기간이었다. 원나라 사람이 고려를 직접 통치한 시기라 볼 수 있다. 이때는, 혹여 덕령공주에게 별 다른 개혁의 의지가 있었다 해도 이를 실천에 옮길 상황이 아니었다. 충혜왕이 엉망으로 만들어놓은 고려사회를 정상으로 돌려놓기에도 숨이 찰 지경이었기 때문이다.

충목왕은 미성년을 벗어나지 못하고 12세에 세상을 떠났다. 그 뒤를 이어 충혜왕의 서자 왕저가 임금이 되었다. 그가 제30대 충정왕이다. 그의 나이 12세로 역시 덕령공주의 섭정을 받아야 하는 미성년이었다. 그런데 충정왕의 생모는 희비 윤씨였다. 공식적인 섭정의 자격은 없었지만 희비 윤씨는 충정왕에게 영향력을 행사하고 싶어했다. 그 때문에 희비 윤씨와 덕령공주, 또 그 둘을 둘러싼 사람들 사이에 갈등이 끊이지 않았다.

이들의 갈등 때문에 고려 사회는 극심한 혼란에 빠져들었다. 거기에 왜구의 침략까지 더해져 백성들의 고통은 이루 말할 수가 없었다. 하지만 어린 충정왕에게는 그런 총체적 난국을 헤쳐 나갈 힘이 당연히 없었다. 주변의 어른들도 엉뚱한 곳에 정신들이 팔려 도움이 되지 못했다. 결국 원나라는 충정왕의 폐위를 결정했다. 이 결정은 나라가 기울어 힘이 다 빠져버린 원나라의 마지막 간섭이 되었다. 그 뒤를 이은 공민왕은 고려의 독자적 노선을 걸었기 때문이다.

•제6장•

내가 하면 로맨스, 남이 하면 불륜

–고려의 망국

고려의 망국은 제31대 공민왕으로부터 시작되었다. 물론 그는 100년 가까이 계속된 원나라의 간섭에서 고려를 구한 임금이다. 공민왕은, 왕의 시호에'충'자를 더 이상 쓰지 않을 수 있을 만큼 독립된 고려를 만들었다. 그러나 그는 고려를 망국에 이르게 한 결정적 빌미를 제공한 임금이기도 하다.

아내 노국공주가 죽은 후 공민왕이 한껏 흩뿌렸던 부도덕의 씨앗은 고려의 마지막 왕 공양왕은 물론이고 그 앞에 재위한 우왕과 창왕 부자까지 왕위에서 쫓겨나 비참한 최후를 맞이하게 만들었다.

공민왕은 자신은 온갖 나쁜 짓을 다 저지르면서도 다른 사람의 잘못은 용서하지 않았다. 『고려사』에 의하면 공민왕은 "시기가 많고 잔인하여 심복이라도 권세가 커지면 반드시 그를 베었다."라고 한다. 그런 성품이 신하들의 반발을 불렀고 결국 공민왕은 측근에 의해 살해당했다. 과감한 개혁을 추진하며 고려를 독립된 나라로 다시 세우려 했던 공민왕은 자신이 하는 일에는 너그러웠지만 신하들에게는 덕을 베풀지 못했다. 그 때문에 그는 너무도 허망하게 세상을 떠났다. 공민왕의 그런 준비되지 않은 죽음은 기껏 원나라의 간섭에서 벗어난 고려를 망국의 구렁텅이로 밀어 넣고 말았다.

공민왕은 제27대 충숙왕과 고려인인 공원왕후 홍씨 사이에서 둘째아들로 태어났다. 제28대 충혜왕의 친동생이다. 왕기(王祺)라는 고려식 이름과 바얀티무르(伯顔帖木兒)라는 몽고식 이름을 가진 공민왕도 다른 고려 왕자처럼 12세부터 원나라에서 살았다.

아버지 충숙왕은 27대인데 공민왕이 31대에 이르러서야 왕이 된 이유는 그가 장남이 아니었기 때문이다. 1339년 충숙왕이 세상을 떠난 후 장남인 충혜왕이 왕위를 이었다. 5년 후 충혜왕이 세상을 떠났을 때 15세였던 왕기는 유력한 후계자로 떠올랐다. 원나라 황제로부터 왕위 계승권을 가진 사람을 뜻하는 '대원자(大元子)'라는 칭호를 받은 것이다.

하지만 원나라의 황후였던 기황후와 그녀의 친정인 기씨 집안에서 왕기가 왕위에 오르는 것을 막았다. 당시 고려의 실세였던 기씨들은 똑똑한 사람이 왕이 되는 것을 원치 않았다. 자신들의 세력을 오랫동안 유지하기 위해서였다. 결국 기씨 집안은 당시 8세였던 충혜왕의 장남을 선택했다. 그가 제29대 충목왕이다.

왕기가 왕위 계승에서 밀린 또 다른 이유가 있다. 원나라 황실에 그의 후원자가 없었기 때문이다. 충목왕의 어머니 덕령공주는 원나라 사람이었다. 어린 왕이 즉위하면 그 어머니 덕령공주가 섭정을 하게 된다. 고려 조정을 마음대로 움직이고 싶었던 원나라는 이 방법이 차라리 낫다고 여겼을 것이다. 하지만 어머니도 고려 여인이었고 아직 원나라 공주를 아내로 맞이하지 못한 왕기를 위해 원나라 조정에서 뒤를 밀어줄 사람은 없었다.

충목왕이 4년 만에 병에 걸려 세상을 떠나자 왕기에게 다시 한 번 기회가 찾아왔다. 고려의 대신들도 이번에는 왕기를 옹립하고자 원했다. 그래서 문하시중 이제현(李齊賢)을 원나라에 보내 원나라 황제였던 순제에게 다음과 같은 표문을 올렸다.

"국왕(충목왕)이 병을 얻어 승하하셔서 온 나라가 슬퍼하고 있습니다. 심지어 국왕은 나이가 어려 후사가 없습니다. 그런데 고려는 원나라에 귀순하지 않은 일본과 가까이 있어서 하루라도 왕이 없으면 안 됩니다. 충혜왕의 동복동생인 강릉대군 왕기는 지금 열아홉 살로 일찍이 황제의 조정에 들어가서 숙위하고 있습니다. 또 보타시리 왕(충혜왕)의 서자 왕저는 열두 살이며 우리나라에 있습니다. 이 두 사람 중 누구를 선택할 것인가는 황제의 마음에 달려 있으니 백성들이 원하는 바를 따라 특별한 명령을 내려주소서. 그리하여 끊어진 왕대를 잇게 하고 변방을 안정시킬 수 있게 하면 백성들은 근심을 잊어버리고 더욱 충절을 지킬 수 있을 것입니다."

원나라는 왕기에게 왕위를 계승하도록 명령을 내렸다. 그런데 왕기가 귀국하기 직전 이 명령이 번복되었다. 이번에도 기황후의 입김이 순제의 마음을 움직인 것이다. 순제는 왕저를 불러 고려 국왕의 인을 내렸다. 원나라는 여전히 자신들이 마음대로 움직일 수 있는 왕이 필요했던 것이다.

왕기는 자신이 왕위에 오르려면 원나라 조정에서 자신을 도와줄 막강한 세력이 필요하다는 것을 실감했다. 그런 세력을 얻을 수 있는 가장 좋은 방법은 하루라도 빨리 원나라 공주와 결혼하는 것이었다. 나중에 노국대장공주(魯國大長公主)가 되는 운명의 여인 보타시리(普塔失里) 공주와의 결혼은 이런 배경에서 이뤄졌다.

이 결혼은 충정왕이 즉위한지 5개월만에 다급하게 이뤄진 정략 결혼이었지만 스무 살 안팎이었던 두 사람은 이내 사랑에 빠졌다. 대개의 경우 고려로 시집온 원나라 공주들은 남편과 사이가 좋지 못했다. 그들은 정략 결혼을 위해 고려에 왔지만 고려를 얕잡아보는 경우가 많았다. 또 유목민인 몽골 사회에서 남녀는 평등한 존재였다. 국가의 중대사를 결정하는 회의에서도 여자가 소외되는 일은 없었다.

"여인은 사막의 오아시스요, 전쟁터의 말이요, 추운 겨울날의 화롯불이다."

이런 내용의 몽골 전통 노래는 여자에 대한 몽골 사람들의 생각을 잘 나타내준다. 그런 환경에서 드센 기질을 키우며 자라난

• 경북 영주 부석사의 무량수전. 원래 건물은 공민왕 7년에 불에 타 버리고 지금 건물은 우왕 2년에 다시 지은 것인데 현판은 공민왕의 글씨이다.

원나라 공주들이 좁고 여자에게 보수적인 나라 고려에서 만족스러운 삶을 살기는 어려웠을 것이다. 그런데 보타시리 공주와 왕기는 서로를 깊이 사랑하게 되었다.

보타시리 공주는 원나라의 황족 위왕(魏王)의 딸이다. 왕기도 드디어 원나라 조정에 든든한 배경을 갖게 된 것이다. 게다가 왕기는 원나라와 고려 양쪽에서 실세였던 기황후에게도 충성을 다짐했다. 자신이 왕이 되면 기씨 세력을 더욱 가까이 등용하겠다고 약속한 것이다. 공민왕의 업적 중에는, 원나라 조정에 빌붙어 세력을 키우던 기철 일당을 몰아낸 것이 포함되어 있다. 하지만 자신의 목적을 달성하기 위해 그가 했던 약속은 기철 일당의 행위와 다를 바가 없었다.

당시 고려 조정은 충목왕의 어머니 덕령공주와 충정왕의 어머니 희비 윤씨, 기황후의 오빠 기철 등에 의해 이리저리 휘둘리고 있었다. 더구나 왜구까지 쳐들어와 고려의 동남 해안을 유린했다. 충정왕은 왜구를 물리치라고 장수들에게 명령을 내렸지만 장수들은 출정을 거부하기도 했다. 그만큼 고려 왕실의 권위는 형편없이 떨어져 있었다.

원나라의 상황도 마찬가지였다. 대규모 황하 치수 공사에 반발한 농민들이 동요하였고 백련교도들이 반란을 일으켰다. 이들은 백련교의 상징인 붉은 띠를 머리에 두르고 관군을 공격했다. 그래서 이 상황을 홍건적의 난이라고 부른다.

이렇게 대륙 전체가 혼란에 빠지자 원나라는 반란군 진압에 총력을 기울이기 위해 우선 고려가 안정되길 원했다. 원나라의 승상 톡토는 강릉대군 왕기가 고려의 안정을 이룰 적임자라고 생각했다. 그는 왕기가 총명하면서도 순종적이라고 생각했던 것이다. 톡토의 판단에 기황후도 동의했다. 이에 순제는 1351년 충정왕을 폐위하고 왕기를 고려 왕으로 책봉했다.

노국대장공주와 함께 고려로 돌아온 공민왕은 폐위된 충정왕을 강화도로 귀양 보냈다. 그리고는 석 달 후에 14세의 어린 조카를 독살했다. 충정왕을 살려두면 변덕스러운 황제가 언제 또 그를 복위시키라고 명령 내릴지 모를 일이었기 때문이다.

공민왕은 고려로 돌아올 때 몽골식 옷을 벗고 고려식 복장으로 바꿔 입었다. 공민왕은 원나라에서 숙위할 때도 자신이 고려 사람임을 잊지 않았다. 그런 면에서 형인 충혜왕과 비교되는 일화도 있다. 아버지 충숙왕으로부터 왕위를 이어받은 충혜왕은 상왕이 된 아버지에게 몽골 옷을 입고 몽골식 예법으로 인사를 한 적이 있다. 그러자 충숙왕은 충혜왕을 심하게 꾸짖었다.

"네 부모가 모두 고려 사람인데 어찌 몽골식 예법으로 인사를 하느냐? 또 옷이 너무 사치스러우니 이래서야 사람들에게 모범을 보일 수 있겠느냐?"

충숙왕은 이런 충혜왕보다 공민왕을 더 신뢰했다. 그래서 윤택(尹澤)이라는 신하에게 강릉대군을 후계자로 추대해달라고 부탁하기도 했다.

공민왕의 시작은 순조로운 듯했다. 즉위 교서에 다음과 같은 포부를 펼치기도 했다.

"이제부터 정신을 가다듬어 나라를 다스리고 법령을 밝게 닦아 기강을 바로잡으며 우리 고려 조종의 법을 회복하여 온 나라와 더불어 새 출발을 하려 한다."

여기서 "고려 조종의 법을 회복한다."라는 말은 태조 왕건이 세운 고려의 질서를 다시 세우겠다는 뜻이다. 원나라의 간섭에서 벗어나고 개혁을 통해 고려를 다시 제대로 이끌어가겠다는 다짐이 들어 있는 것이다. 또 자신이 직접 나랏일을 맡아 하겠다는 선언도 했다. 왕이 친정(親政)을 선언한 것은 1170년 무신 정권이 성립된 이후 거의 200년 만의 일이었다.

공민왕의 개혁은 정방의 폐지로부터 시작되었다. 정방은 무신 정권 시절 최우가 설치한 기관이다. 이곳에서는 인물을 심사하여 적절한 벼슬에 앉히는 일을 했다. 그런 중요한 자리였기에 권력자들의 세력을 유지하게 해주는 수단이 되어버렸다. 공민왕은 이런 정방을 없앰으로써 권신 세력을 없애고자 했다.

"호복을 입고 변발을 하는 것은 선왕의 제도가 아니니 이를 금지하소서."

공민왕은 감찰대부 이연종(李衍宗)의 제안을 기쁘게 받아들였다. 이후로 몽골식 복장과 변발이 금지되었는데 이는 고려 사람들이 몽골 복장을 강요당한 지 78년 만의 일이었다.

1356년에는 원나라 연호를 폐지했다. 그동안 원나라를 따랐던 관제도 제11대 문종 이전의 제도로 돌려놓았다. 건국 초기 고려는 황제의 나라였다. 그 위상에 맞게 만들었던 제도를 되찾은 것이다. 또 내정 간섭을 위해 원나라가 고려에 두었던 정동행성과

쌍성총관부를 폐지하였다.

고려의 이런 적대적인 행동에 원나라 조정은 크게 분노하였다. 사신 김구년을 랴오닝 성에 가두고 80만 대군을 일으켜 고려를 침략하겠다고 협박했다. 하지만 당시 원나라에는 군사를 일으킬 힘이 없었다. 대륙 여러 곳에서 일어나고 있던 반란군을 진압하는 데도 힘이 부칠 지경이었다. 공민왕은 그런 원나라의 사정을 잘 알고 있었던 것이다.

공민왕은 원나라 왕실과 인척 관계를 맺고 횡포를 부리던 기철의 일족을 숙청하고, 영흥 이북 땅도 되찾았다. 원나라의 힘이 약

• 충북 충주의 미륵리 석조 여래 입상. 불교가 국교였던 고려에서도 미륵불을 숭상했지만 미륵 숭배를 내세운 홍건적은 고려 백성을 큰 고통에 빠트렸다.

해지면서 고려는 그들의 간섭에서 벗어날 수 있는 기회를 맞이하게 된 것이다.

하지만 원나라의 쇠락은 고려를 전쟁의 소용돌이로 몰아넣었다. 남쪽에서는 여전히 왜구가 기승을 부렸고 북쪽에서는 홍건적이 두 차례나 침략해 들어왔다. 1361년에 있었던 홍건적의 2차 침입 때는 두 달만에 수도 개경을 내주게 되었다. 공민왕은 노국대장공주와 함께 안동까지 몽진을 떠나야 했다.

홍건적의 주축인 백련교도들은 자신들이 미륵을 숭배하는 종교 집단이라고 주장했다. 그러나 그들은 종교와는 상관없는 야만적인 도적 떼에 지나지 않았다. 고려에 들어온 그들의 만행은 이루 말할 수가 없었다. 『고려사』에 따르면, 홍건적은 "아이 가진 여자의 젖가슴을 도려내 불에 구워먹었다."라고도 한다.

안동에서 공민왕은 자신이 안일하여 백성을 고통에 빠트렸다고 크게 자책했다. 그러면서 그는 정세운이라는 장수를 총사령관격인 총병관에 임명했다.

"군관과 군인으로서 통제를 어기거나 보고를 막는 자가 있으면 군법으로 처리할 것을 허락한다."

공민왕은 국난 극복을 위한 모든 것을 정세운에게 일임했다.

정세운은 최영 · 이성계 · 안우 · 이방실 등을 거느리고 홍건적을 크게 물리쳤다. 20만 명 군사 중 10만 명은 죽이고 10만 명은 압록강 이북으로 쫓아버린 것이다.

그런데 나라를 위기에서 구한 영웅 정세운은 전쟁이 끝난 지 닷새도 못되어 안우 · 이방실 등 부하들에 의해 죽임을 당했다. 안우와 이방실은 전임 총병관 김용을 통해 정세운을 죽이라는 왕명을 받았다고 주장했다. 물론 이 주장은 거짓이라며 받아들여지지 않았다.

정세운을 죽인 것은 부하들이었지만 여러 정황으로 미루어볼 때 그 배후에 공민왕이 있었을 것이라는 짐작은 쉽게 할 수 있다. 일단 왕이 백성을 버리고 도망치기 위해 수도를 떠나면 이미 왕의 권위는 엄청난 손상을 입게 된다. 공민왕이 개경을 떠났을 때도 마찬가지였다. 시중이었던 이암은 이런 상황에 대해 "천하의 웃음거리가 되고 삼한의 수치가 되었다."라고 표현하기도 했다.

하지만 불과 한두 달 만에 적의 무리를 몰아낸 장수는 백성들에게 환호를 받게 된다. 그가 어떤 공을 세웠든 왕은 자신보다 환호받는 신하를 달가워하지 않는다. 앞서 얘기한 것처럼 신하의 힘이 커지는 것을 절대 용납하지 않았던 공민왕의 경우에는 더욱 말할 것도 없다. 정세운을 죽인 안우와 이방실도 죽임을 면치 못했다. 그들까지 죽여야 자신이 한 일을 숨길 수 있었기 때문이다. 전쟁에서 공을 세우고 나라를 위기에서 구한 세 장수를 죽인 공민왕은 이렇게 말했다.

"총병관은 나를 대신하여 군사를 지휘했는데 그 부하가 마음대로 그를 죽이니 이는 나를 임금으로 여기지 않은 것이다. 전쟁에서 공을 세웠다 하더라도 임금을 무시한 죄는 용납할 수 없는 것이다."

이는 정세운을 죽인 자들에 대해 한 말이지만 임금을 무시한 자는 어떻게 될 것이라는 선포나 다름없었다.

공민왕과 공범이 되었던 김용은 세 장수를 죽이고 권력을 독차지했다. 하지만 공민왕의 성품을 아는 김용도 마음을 놓고 있을 수 없었다. 당시 공민왕은 홍건적에 의해 불타버린 왕궁을 수리할 때까지 흥왕사에 머물고 있었다. 김용은 황제의 명령을 명분 삼아 공민왕을 시해하려 했다. 그들이 침전에 들이닥쳤을 때 공민왕은 노국공주와 함께 밀실에 숨었다. "황제의 명령으로 공민왕을 처단한다."라고 주장했던 김용의 무리는 황제의 나라 원나라의 공주였던 노국공주에게는 손을 댈 수 없었다. 그래서 밀실까지 쳐들어갈 수가 없었다.

결국 김용은 공민왕을 죽이는 데 실패하고 붙들려 처형되었다. 김용을 처형한 뒤 공민왕은 눈물을 흘리며 탄식했다고 한다.

"누구를 믿고 의지할 것인가, 누구를 믿고 의지할 것인가."

김용의 반란 이후 공민왕은 정말 그 어떤 신하도 믿지 않았다. 신뢰는 상대적이다. 왕이 신하를 믿지 않는데 신하가 자신을 믿고 목숨 바쳐주기를 바라는 것은 정말 어리석기 짝이 없는 생각이다.

외톨이가 되어버린 공민왕에게 더욱 더 크나큰 위기가 닥쳤다. 원나라에서 덕흥군 왕혜(王譓)를 새로운 고려 국왕으로 책봉한 것이다. 타시테무르(塔寺捷木兒)라는 몽골 이름을 가진 왕혜는 제26대 충선왕의 셋째 아들이었다. 승려가 되어 고려에 살던 그는 충정왕이 살해된 후 원나라로 망명하여 그곳에서 살고 있었다.

느닷없이 원나라가 왕혜를 고려 왕으로 책봉한 이유는 기황후의 복수심 때문이었다. 기황후는 공민왕이 자신의 일족을 몰살한 것에 대해 복수할 기회를 기다리고 있었다. 그녀는 황태자가 된 자신의 아들에게 "네가 이미 어른이 되었는데 왜 나를 위해 원수를 갚지 않느냐?"라며 재촉하기도 했다고 한다.

홍건적에 몰려 도망가고 흥왕사에서 살해당할 위기에 처했으며 그로써 신하들과의 신의가 끊어져버린 공민왕의 상황은 기황후에게 절호의 기회로 여겨졌다. 기황후는 순제에게, 공민왕을 폐하고 왕혜를 고려 국왕으로 책봉한다는 교서를 발표하게 하였다. 이 교서 안에는 자신의 친정 조카인 기삼보노(奇三寶奴)를 왕혜의 원자로 삼는다는 내용도 담았다. 공민왕만 몰아내는 것이 아니라 아예 왕씨 고려를 없애고 기씨 고려를 만들겠다는 속셈이었다.

1363년 원나라의 지원을 받은 왕혜는 1만 명의 군사를 이끌고 압록강을 건넜다. 당시 고려의 신하들은 크게 동요했다. 원나라가 이미 힘이 빠져버렸다고 하지만 지난 100년 동안 원나라가 고려 국왕을 책봉했던 관행을 하루아침에 무시할 수 없었기 때문이다. 대신들은 공민왕에게 직접 나서서 싸울 것을 권했다.

"덕흥군은 홍건적과 다릅니다. 만일 전하가 개경을 버리고 피란 가면 누가 전하를 따르겠습니까? 친히 나서서 정벌하는 것이 최고의 방책입니다."

만일 공민왕이 개경을 버리고 왕혜가 개경을 차지한다면 백성들은 왕혜를 왕으로 받아들일 가능성이 컸다. 그만큼 공민왕은 주변 사람들의 신뢰를 잃은 상황이었다. 이때 공민왕을 도운 사람들이 최영(崔瑩)과 이성계(李成桂)였다. 이 두 장군은 공민왕에게 승리를 안겨주었다. 왕혜는 원나라로 쫓겨 갔고 원나라는 더 이상 고려에 간섭할 수 없게 되었다.

공민왕과 함께 고려 멸망의 주역으로 등장한 사람은 신돈(辛旽)이다. 신돈은 공민왕에게 노국공주 못지않은 운명의 인물이다. 공민왕과 신돈이 처음 만나게 된 사연도 극적이다. 노비의 아들로 태어난 신돈은 뛰어난 언변과 처세로 왕실의 외척이었던 김원명의 사람이 되었다. 어느 날 공민왕은 자신을 죽이려는 자객을 한 스님이 나타나 물리쳐주는 꿈을 꾸었다. 다음 날 김원명이 신돈을 궁궐에 데리고 들어가 왕에게 소개했는데 공민왕은 그가 바로 꿈에서 자기를 구해준 스님이라고 하였다. 공민왕과 신돈은 개혁에 대한 의지나 정치에 대한 생각들에 코드가 맞았던 모양이다.

두 사람이 가까워지는 것을 경계한 신하들의 등쌀에 공민왕은 한때 신돈을 멀리해야 했다. 그런데 앞서 얘기한 것과 같은 여러 가지 환란을 겪은 공민왕은 신돈을 다시 불러들였다.

"신돈은 도(道)를 얻어 욕심이 없으며 출신이 미천하여 친당이 없으므로 큰일을 맡길 만하다."

공민왕은 신돈에 대해 이렇게 평가했다. 공민왕은 문벌 귀족도, 신진 사대부도, 신흥 무인도 믿을 수 없었다. 그 어떤 부류에도 속하지 않는 신돈이야말로 기존에 있던 세력들을 대상으로 개혁을 시행할 적임자였던 것이다.

처음에는 두 사람이 손잡고 시작한 개혁이 순조로웠다. 공민왕은 신돈에게 정무권과 군 통수권, 감찰권, 승정권 등을 총괄하는 막강한 권력을 쥐어주었다. 거의 고려라는 나라를 통째로 신돈에게 맡긴 격이었다. 또 신돈의 복식과 의전, 호위 등도 왕에 준하는 정도로 행하게 했다. 공민왕은 "불초한 내가 나라에 임한 지 15년 동안 홍수와 가뭄의 재해가 끊이지 않았다. 그런데 금년에 풍작

이 들었으니, 이는 실로 신돈이 선정을 베푼 덕분이다."라는 식으로 기회만 있으면 칭찬을 아끼지 않았다. 이 무렵 신돈은 자신의 집에 찾아간 공민왕의 잠자리에 노비 반야를 들였다.

1364년 여름, 노국공주가 결혼 15년 만에 처음으로 아기를 가졌다. 그 해 가을 반야도 임신을 했다. 그런데 다음 해 노국공주는 출산을 하다가 세상을 떠나고 말았다. 공민왕은 몹시 슬퍼하며 공주의 시신 곁을 떠나려 하지 않았다. 최영이 다른 궁전으로 옮길 것을 권하자 공민왕은 "다른 곳으로 가 내 한 몸만 편하게 지낼 수 없다. 나는 공주와 그렇게 약속하지 않았다."라며 거절했다고 한다.

• 조선의 종묘에 마련된 공민왕 사당. 전면에는 공민왕과 노국공주의 영정이 걸려 있다.

노국공주의 장례는 대대적으로 치러졌다. 왕이 직접 설계하고 작업을 감독하여 개경 서쪽에 정릉을 조성하였다. 이때 노국공주를 기리는 여러 가지 시설물을 만드느라 국고를 탕진하기도 했다. 당시의 상황이 『고려사』에는 다음과 같이 기록되어 있다.

> "왕륜사 동남쪽에 커다랗게 영전(노국공주의 영정을 걸어두는 건물)을 지을 때 백관들로 하여금 나무와 돌을 나르게 하였다. 영전은 승려 3,000명을 동시에 수용할 수 있는 규모였고 나무는 한 개에 수백 명이 달려들어도 끌 수 없을 정도로 컸다.'영차'하고 힘을 모으는 소리가 천지를 진동하며 밤낮으로 그치지 않았다. 일하다가 쓰러져 죽은 소가 길에 잇닿았다. …… 영전의 대들보를 올리다 인부 스물여섯 명이 깔려 죽었다."

장례를 치르고 나서도 공민왕은 밤낮으로 공주의 초상을 보며 슬피 울었다. 3년 동안 고기를 안 먹었고, 살아 있는 사람 대하듯 공주의 초상에 음식도 권하고 몽골 음악을 들려주기도 했다. 새로 관리로 임명되거나 사신으로 떠나는 신하들에게 반드시 공주의 무덤에 가서 살아있는 왕비에게 하듯 예를 갖추도록 강요하기도 했다. 공주를 그리며 울다가 술에 취하면 공민왕은 주위 사람들을 매질했다. 환관들은 매질을 피하기 위해 왕이 아예 정신을 차리지 못하도록 계속 술을 권하기도 했다고 한다.

이렇게 슬퍼하느라 공민왕은 개혁의 작업에서 완전히 손을 떼 버렸다. 대신 모든 권한이 신돈에게 넘어간 것이다. 신돈도 처음엔 바른 정치를 펼쳤던 것으로 보인다. 그는 전민변정도감(田民辨正都監)을 설치하여 귀족들이 함부로 차지한 토지를 소유자에게 반환하고 불법으로 노비가 된 사람들을 풀어 주었다. 전민변정도감을 설치했을 때 "백성들은 고려 땅에 성인이 났다며 모두 기뻐하였다."라고 『고려사 열전』에 기록되어 있다.

그런 신돈의 개혁이 실패에 그친 이유는, 개혁의 대상이 된 지배층이 강하게 반발했고, 강력한 지원자였던 공민왕이 그에게서 고개를 돌렸기 때문이다. 앞서 얘기한 대로 공민왕은 자신보다 영향력이 커지는 신하를 절대 용납하지 않았다. 비록 그 사람이 신돈일지라도 예외는 없었다.

1370년 공민왕은 다시 나랏일에 복귀하였다. 노국공주가 세상을 떠난 지 5년만이었다. 이 무렵부터 공민왕은 신돈을 멀리 하기 시작했다. 다음 해 권문세족은 신돈이 역모를 꾸미고 있다고 주장했다. 왕이 능행을 다녀올 때 신돈이 심복을 길가에 매복시켜 왕을 시해하고자 했다는 것이다. 그때 신돈을 견제할 필요를 느꼈던 공민왕은, 이 말을 받아들여 신돈과 그 추종 세력을 제거해 버렸다.

과연 신돈은 간신이었을까? 공민왕은 신돈을 죽인 후 그가 얼마나 나쁜 사람이었는지 증거를 모았다. 그런데 의외로 신돈이 부정을 저지르고 재산을 모았다는 등의 정황은 없었다고 한다. 하지만 조선 전기에 발간된 『고려사』에는 신돈이 처첩을 거느리고 주색잡기에 몰두한 요승이라고 쓰여 있다. 물론 『고려사』도 승자가 기록한 역사이다. 패자인 신돈이 충신으로 기록될 리 없다. 공민왕을 비롯하여 신돈의 개혁을 못마땅하게 생각하던 기득권층에 의해 역사는 그렇게 쓰였고 뒤이어 들어선 조선 왕조에서도 자신들의 혁명을 합리화하기 위해 고려 왕조의 타락을 강조했다. 이 과정에서 신돈은 꼼짝 없이 요승으로 몰려버린 것이다.

• 경기 연천의 숭의전. 조선 초기에 만들어진 고려 왕실의 사당이다. 승자인 조선은 이곳에 고려의 왕들과 공신들의 위패를 모시고 제사를 지내도록 하였다.

공민왕이 노국공주의 죽음에 정신을 못 차리고 있을 때 신돈이 왕에게 바쳤던 여자 반야가 아들을 낳았다. 공민왕의 유일한 혈육이었다. 이 아이가 제32대 우왕이다. 훗날 우왕과 그의 아들 창왕이 왕씨가 아닌 신씨라는 말이 생겨났다. 『고려사』에는 이들을 신돈의 아들로 단정하고 우왕의 이름을 '왕우'가 아닌, '신우'로 기록했다. 신돈이 요승이라든가, 우왕이 신돈의 아들이라든가 하는 내용들을 그대로 신뢰할 수는 없다. 하지만 이런 이야기들은, 이성계로 하여금 역성혁명을 시행하게 된, 그래서 고려를 망국에 이르게 한 명분이 되어주었다.

노국공주가 세상을 떠난 후 공민왕은 자제위(子弟衛)라는 관청을 만들었다. 자제위는 왕의 호위 겸 지도자를 양성하기 위해 귀족 자제들로 만든 집단이다. 하지만 이는 명목뿐이고 실제로는 공민왕이 미소년들과 동성애를 즐기기 위해 만든 것이라고 한다. 이 상황이 『고려사』에는 다음과 같이 기록되어 있다.

"공민왕은 먼저 내전의 여종을 불러 자제위들과 음란한 행위를 하게 하였다. 왕은 스스로 여자 모양으로 화장을 하고 옆방에서 구멍으로 들여다 보다가 마음이 동하면 자제위의 홍륜(洪倫) 등을 침실로 불러들였다. 왕은 침실에서 수십 명을 번갈아 가며 음행(淫行)을 치르고는 그제야 그치곤 했다."

공민왕은 또 자식을 얻기 위해서 자신의 비빈들에게 자제위 소년들과 잠자리를 하도록 강요했다고 한다. 실제 자제위 가운데 홍륜이 익비(益妃)를 임신시키기도 했다. 환관인 최만생으로부터 이 말을 들은 공민왕은 이 사실을 알고 있는 사람들을 죽이려 했다. 비밀을 알고 있는 사람들을 없애야 익비의 아이가 자신의 아이가 될 것이었기 때문이다.

"내일 능행을 할 텐데 그때 술에 취해 주정하는 척하면서 홍륜의 무리를 죽일 것이다. 너도 이 일을 알았으니 죽음을 면치 못할 것이다."

공민왕의 이런 말을 들은 최만생이 홍륜에게 이를 알렸다. 홍륜 등 자제위 소년들은 왕이 자신들을 죽일 때까지 기다리고 있을 수 없었다. 1374년 공민왕은 자제위 소년들에게 살해되었다. 이때 공민왕의 나이 45세였다. 물론 『고려사』가 조선 초기에 손질되었다는 점을 감안하면 이런 과정은 왜곡되었을 가능성도 있다. 하지만 공민왕이 자제위 소년들에 의해 죽임을 당한 것만은 사실인 것 같다.

공민왕이 세상을 떠난 후 고려는 18년 동안 더 존속하였다. 하지만 그 이후의 역사는 그저 망국의 뒷이야기였을 뿐, 고려의 사실상의 명운은 공민왕의 죽음에서 끝났다고 볼 수 있다. 200년 동안 땅에 떨어져 있던 왕권을 제대로 세우고 100년에 걸친 원나라의 간섭에서 벗어나게 했던 영민한 군주 공민왕. 그는 총명했지만 냉혹하고 잔인했다. 공민왕은, 자신은 어떤 부당한 짓을 해도 괜찮고 다른 사람이 잘못하는 것은 절대 용서할 수 없었다. 자신에게는 한없이 너그럽고 다른 사람을 신뢰하지 못해 외톨이가 되었던 그는 결국 그 성품 때문에 자신과 자신이 지켜야 할 나라를 망치고 말았다.

* **그 이후의 고려** - 공민왕이 세상을 떠난 후 왕위 계승에 대해 한바탕 논란이 일었다. 당시 10세였던 왕자 왕우(王禑)가 공민왕이 아닌 신돈의 아들이라는 의혹이 있었기 때문이다. 그러나 공민왕이 왕우를 후계자로 정했기 때문에 대신들은 왕우로 하여금 왕위를 잇게 했다. 제32대 우왕이 즉위한 것이다.

우왕이 왕 자리를 지킨 지 14년 후인 1388년, 명나라는 철령 이북이 자신들의 영토라고 고려에 통보해왔다. 당시 원나라가 쇠퇴하자 중국에서는 명나라가 일어나고 있었다. 신흥 무인인 최영은 이에 크게 반발하면서 먼저 랴오둥을 공격하자고 주장하였다. 우왕도 최영의 주장에 적극 동조하여 이성계에게 랴오둥 정벌을 명했다.

그런데 이성계는 '4불가론(四不可論)'을 내세우면서 이 전쟁에 반대했다. '4불가론'은 첫째, 작은 나라가 명나라 같은 큰 나라를 거스르는 것은 옳지 않고, 둘째, 농번기인 여름철에 군사를 동원하는 것은 옳지 않으며, 셋째, 전력을 북쪽으로 모두 옮기면 남쪽에 왜구가 다시 침략할 우려가 있고, 넷째, 더운 날씨로 활의 아교가 녹아 무기로 쓸 수 없고 전염병이 돌 염려도 크니 전쟁을 하지 말아야 한다는 것이다.

그러나 우왕과 최영은 이성계의 주장을 무시하고 정벌을 강행했다. 이성계의 군대가 압록강 가운데 있는 섬인 위화도에 도착했을 때 마침 장마가 시작되었다. 압록강 물이 불어 이성계의 군사는 오도 가도 못할 상황에 이르렀다. 하지만 우왕과 최영은 오히려 진군을 재촉하였다. 이에 이성계는 개경으로 군사를 돌렸다. 이 사건이 조선 건국의 계기가 된 위화도 회군이다.

이성계는 우왕을 폐위하고 최영을 처형했다. 강릉에서 귀양살이를 하던 우왕은 왕위에서 쫓겨난 것은 물론 아버지까지 잃게 되었다. 우왕은, 자신이 신돈의 자식으로 왕의 위패를 더럽혀서 죽어야 한다는 말을 듣고 분노하여 백성들 앞에 다음과 같이 외쳤다고 한다.

"백성들이여! 전왕(前王)의 아들이 아니라서 나를 죽인다 하오. 우리 왕씨는 용(龍)의 종자로서 겨드랑이에 용의 비늘을 가지고

• 경기 고양에 있는 최영의 무덤. 최영은 자신이 결백하다면 무덤에 풀이 안 날 것이라 했는데 정말 1970년대까지 풀이 나지 않았다고 한다.

태어난다오."

이 말을 한 우왕은 그 자리에서 웃옷을 벗고 겨드랑이 밑에 있는 비늘 흔적 세 개를 보여줬다고 한다. 우왕에 대한 이야기는 『고려사』 중 '반역전'에 실려 있다. 공민왕의 유일한 혈육을 후대 사람들이 반역자 취급해버린 것이다.

이성계 세력은 우왕 대신 그 아들 창왕을 왕위에 올렸다. 이성계는 창왕도 신돈의 핏줄이니 왕이 될 수 없다고 주장했다. 그런데 위화도 회군 때 공을 세운 조민수(曺敏修)가 공민왕의 제3비 익비로 하여금 창왕을 왕위에 세우는 교지를 내리게 하였다. 이때 창왕의 나이 9세였다.

창왕을 옹립하도록 조민수를 설득한 이색은 왕씨 고려를 지키려고 안간힘을 썼다. 그는 명나라의 도움을 받아보고자 창왕의 입조를 주선했다. 그런데 명나라에서는 "세우는 것도 저희가 할 일이요, 폐위하는 것도 저희의 일이다. 우리는 상관치 않겠다."라며 입조를 거부했다. 당시 명나라도 원나라를 몰아내고 새로 나라를 세운 참이었는데 남의 나라 왕조가 바뀌는 것을 막을 명분이 없었던 것이다.

위화도 회군 다음 해, 이성계를 비롯한 신흥 무인과 신진 사대부들은 창왕을 폐위하기로 의견을 모았다. 그들은 '폐가입진(廢假立眞, 가짜를 폐하고 진짜를 세운다)'의 명목을 내세웠다. 창왕 역시 신씨이니 왕씨 고려의 왕이 될 자격이 없는 가짜라는 것이었다.

다음 왕의 후보자로 제20대 신종의 7세손인 정창군 왕요(王瑤)가 물망에 올랐다. 그가 왕의 재목으로 적절한가에 대한 논란은 있었지만 별다른 대안도 없었다. 어쩔 수 없이 그들은 제비뽑기로 왕을 정하기로 하였다. 종실의 유력한 인물 몇몇의 이름을 적어 고려 태조의 영전에 고하고 그 중에서 제비뽑기를 하는 것이었다. 신하들이 왕을 제비뽑기로 정하는 상황에까지 이르렀으니 고려는 이미 그 명맥이 끊겼다고 볼 수 있다. 이렇게 제비뽑기로 왕위에 오른 고려의 마지막 왕이 공양왕이다.

“나는 일평생 입을 것과 먹을 것, 시중들 사람이 모두 풍족했다. 그런데 지금 와서 이렇게 중대한 책임을 지게 되니 어찌할 바를 모르겠다.”

45세의 공양왕은 밤잠을 이루지 못하고 눈물을 흘리며 왕위를 사양했다고 한다. 그 자리가 얼마나 비참한 자리가 될지 어느 정도는 예상하고 있었던 것 같다.

창왕을 폐하고 공양왕을 세우는 데까지 뜻을 같이 했던 이성계와 정몽주(鄭夢周)는 이후 의견이 엇갈리기 시작했다. 이성계 측은 역성혁명을 주장했고 정몽주 측은 고려 왕조를 그대로 유지하면서 개혁하자고 했다. 정몽주는, 역성혁명론자 중 대표격인 정도전(鄭道傳)을 귀양보내고 유배지에 있던 이색 등 고려개혁론자들을 불러들였다.

그 무렵 이성계가 해주에서 사냥을 하다가 낙마하여 크게 부상을 입게 되었다. 정몽주는 이를 기회로 삼아 이성계 부자(父子)를 제거하려 하였다. 이런 낌새를 알아차린 이성계의 다섯째 아들 이방원(李芳遠)은 해주로 달려가 정몽주의 음모를 알리고 이성계를 서둘러 개경으로 돌아오게 하였다.

이성계의 집에 문병 간 정몽주는 이방원과 술자리에 마주 앉게 되었다. 정몽주도 이미 일이 다 어그러졌다는 것을 알고 있었다. 이방원은 이 자리에서 정몽주와 최후의 담판을 짓기로 하고 시조

- 경기 용인에 있는 정몽주 묘소 앞에는 단심가 시비와 이성계 무리와 어울리지 말라는 내용을 담은 정몽주 어머니의 백로가 시비가 나란히 서 있다.

'하여가'를 읊어 정몽주의 생각을 물어보았다.

> 이런들 어떠하며 저런들 어떠하리.
>
> 만수산 드렁칡이 얽혀진들 그 어떠하리
>
> 우리도 이같이 얽혀져 백 년까지 누리리라.

정몽주는 '단심가'라는 시조를 읊어 자신의 주장을 밝혔다.

> 이 몸이 죽고 죽어 일백 번 고쳐 죽어

백골(白骨)이 진토(塵土)되어 넋이라도 있고 없고,

임 향한 일편단심(一片丹心)이야 가실 줄이 있으랴.

이날 정몽주는 집으로 돌아가던 길, 선죽교 위에서 이방원이 보낸 자객의 철퇴에 맞아 세상을 떠났다. 이성계의 역성혁명을 막을 마지막 세력이 사라진 것이다.

1392년 7월 역성혁명의 분위기가 조성되어가자 공양왕은 두려움을 느끼기 시작했다. 그래서 이성계를 불러 다음과 같이 자신의 안전을 보장하는 서약을 하게 했다.

"그대가 아니었다면 내가 어찌 이에 이를 수 있었으랴? 그대의 공과 덕을 내가 감히 잊을 수 없도다. 천지신명도 이를 굽어보고 있을 것이다. 대대로 우리 자손을 서로 해치지 말 것이다. 내가 그대를 저버린다면 이 맹세를 증거로 하라."

공양왕이 이성계를 저버리는 일은 생기지 않았다. 다만 이성계가 이 약속을 지키지 않았던 것이다. 이성계 무리는 공양왕에게 스스로 물러날 것을 요구했다. 그런데 공양왕이 머뭇거리자 그들은 왕대비가 된 공민왕비 안씨를 찾아갔다.

"지금의 왕은 임금의 도리를 잃었고 인심 또한 이미 떠났으므로 사직과 생령의 주인이 될 수 없으니 폐위하기 바랍니다."

겁에 질린 왕대비는 공양왕의 폐위를 결정하는 교지를 내렸다. 나흘 후 대신들은 왕대비로부터 옥새를 받아들고 이성계의 집으로 찾아가 즉위할 것을 청했다. 이성계는 사양 끝에 옥새를 받아들였다. 이렇게 고려는 역사의 뒤안길로 사라져버렸다.

* **공양왕의 그 후 이야기** - 폐위된 공양왕은 원주에 유배되었다

• 경기 고양의 공양왕릉 앞에 서 있는 개의 석상. 공양왕과 왕비의 시신을 연못에서 찾아내는 데 공을 세운 삽살개를 기린 것이라 한다.

가 삼척, 간성 등으로 옮겨졌다. 1394년 3월 공양왕과 왕비는 간성에서 아들들과 함께 죽임을 당했다. 그의 능은 현재 삼척과 고양 두 곳에 있다. 삼척의 능은 그들이 처음 묻힌 곳이고 고양의 능은 조선의 관리들이 그들의 시신을 확인하고 다시 묻은 곳으로 추정된다.

고양시에 있는 공양왕릉 앞에는 특이하게 개의 석상이 하나 서 있다. 이 석상은, 당시 행방불명되었던 공양왕과 왕비의 시신을 연못에서 찾아내는 데 공을 세운 삽살개를 기린 것이라 한다. 이런 전설이 전하는 것을 보면 공양왕과 그 왕비는 죽음조차 조용하고 순탄하게 맞이하지 못했음을 짐작할 수 있다.

•제7장•

당신이 뭐라 하든 난 무조건 반대야

–임진왜란

중국을 최초로 통일한 진(秦)나라는 두 황제 만에 역사의 막을 내려야 했다. 최초로 황제의 자리에 오른 진시황제의 아들 호해(胡亥) 황제를 끝으로 진나라는 망하고 중국은 다시 여러 나라로 갈라졌다. 그 가운데 가장 유력한 두 나라는 초(楚)나라와 한(漢)나라였다. 초나라의 항우(項羽)와 한나라의 유방(劉邦)은 누구도 그 결말을 예측할 수 없는 일대 접전을 벌였다. 그들이 벌인 싸움들이 얼마나 치열했던지 후세 사람들은 이를 소재로 하여 장기(將棋)라는 게임을 만들 정도였다.

파란색의 초나라와 빨간색의 한나라가 벌이는 장기판에는 말들이 움직이는 길 말고도 몇 가지 원칙이 있다. 그 중 하나가 왕은 네 개의 직사각형으로 이뤄진 궁 안에서 벗어날 수 없다는 것이다. 만일 왕이 궁 안에서 더 이상 피할 곳이 없다면 그 편은 남아 있는 말의 숫자에 상관없이 패배를 인정해야 한다.

이런 원칙은 괜히 만들어진 것이 아닐 것이다. 왕조 시대에는 임금이 궁궐을 떠나서는 삶을 지탱하기 어려웠고 또 나라는 전적으로 임금의 존폐에 달려 있었음을 말해주는 원칙이다. 조선 시대까지만 해도 임금은 성묘 등 최소한의 용무 외에는 궁궐을 떠나지 않았다. 그런 시대에 궁궐이 임금의 안전을 보장하지 못할 지경에 이른다면, 그래서 임금이 궁궐 밖으로 피신할 지경에 이른다면 그 상황은 거의 망국의 위기에 이른 것이라 봐야 할 것이다.

조선 시대의 임진왜란 때 선조 임금은 궁궐을 버리고 저 멀리 평안북도의 의주까지 몽진을 떠나야 했다. 임금은 주로 남문을 통해 궁궐을 출입한다. 그런데 선조는 도성의 서문인 돈의문을 통해 몽진 길에 올랐다. 임금이 남문을 사용하지 못했다는 것은 임금으로서의 지위를 포기했다는 의미가 된다.

게다가 의주는 중국과의 국경에 거의 닿아 있는 지역이다. 압록강 하나만 건너면 이미 그곳은 조선이 아닌 남의 나라 땅이었다. 임금이 남의 땅으로까지 몸을 피해야 하는 상황이 된다면 그 전쟁은 이미 끝난 것이라 볼 수 있다.

다행히 선조는 압록강을 건너지 않았다. 덕분에 조선이라는 왕조는 사라지지 않았다. 그러나 임진왜란과 정유재란은 조선이 패배한 전쟁이다. 조선의 군대가 왜적과 맞서 싸워 물리쳐 전쟁이 끝난 것이 아니다. 물론 이순신 장군이 이끈 수군의 선전이나 스님들까지 나선 의병들의 활약이 돋보이기는 했다. 하지만 전쟁이 끝날 수 있었던 것은 적의 우두머리였던 도요토미 히데요시가 세상을 떠나며 철군을 지시한 덕분이었다.

하마터면 조선 왕조를 닫게 할 뻔 했던 임진왜란의 결정적 원인은 동인과 서인의 당쟁이다. 물론 그 이전에도 훈구파와 사림파로 나뉜 조정 대신들의 갈등과 알력 때문에 나라가 혼란했던 일이 여러 번 있었다. 그러나 훈구파니 사림파니 하는 것은 서로 다른 입장과 성향을 가진 집단들을 일컫는 것이지 동인과 서인과 같은 본격적인 파당은 아니었다.

임진왜란을 겪었던 선조는 학자들을 아끼는 임금이었다. 선조는 임금의 자리에 오른 후 과거제를 개편하고 기묘사화로 폐지되었던 현량과(중종 때 도학 정치를 지향했던 학자 조광조가 만든 추천제 인재 등용 방법)를 부활하였다. 또 조광조(趙光祖)를 비롯하여 앞선 시대에 있었던 여러 차례의 사화로 억울하게 화를 입은 선비들의 한을 풀어주려 노력했다. 이로써 선비들이 목숨의 위협을 느끼지 않고 정치에 참여할 수 있는 평화로운 세상이 찾아온 듯했다.

그러나 훈구파의 핍박과 수차례의 사화에도 끈질기게 살아남았던 사림파끼리 파벌을 만들어 갈등하기 시작했다. 이른바 붕당이 생겨나기 시작한 것이다.

맨 처음 붕당이 만들어진 사연은 이렇다. 사화가 줄지어 일어나고 정국에 피바람이 불던 시절 선비들은 화를 피하기 위해 관리 자리를 내놓고 고향으로 피해갔다. 고향의 후학들은 조정에서 높은 자리까지 올랐던 자기 고장 출신 대학자를 스승으로 모시고자 그의 문하로 몰려들었다. 이렇게 하여 만들어진 것이 서원이다.

그런데 선비를 아끼는 선조가 즉위한 후 학자들을 다시 조정의 관리로 불러들이기 시작했다. 학자들은 화를 피해 고향에 내려갈

● 경기 김포의 우저서원. 임진왜란 때 활약한 의병장 조헌을 모시는 사당이 서원 안에 마련되어 있다.

때는 혼자였지만 다시 올라올 때는 혼자가 아니었다. 서원의 스승이 된 그들이 문하생들을 거느리고 올라왔던 것이다. 하지만 스승 혼자 녹봉을 받아서 그 문하생들을 다 먹여 살릴 수는 없었다. 가장 좋은 방법은 문하생 중에 관리를 많이 배출하여 여럿이 생활비를 벌어들이는 것이었다. 그래서 벼슬자리가 생기면 자기 사람을 거기 앉히려고 다투게 되었다. 이것이 붕당의 시작이 되었다.

상황이 이러하니 관원을 추천하고 선발하는 벼슬은 달갈의 노른자위 자리가 될 수밖에 없었다. 조선 시대 문관의 인사는 이조에서, 무관의 인사는 병조에서 맡았다. 그런데 주요 관직은 문관이 차지했기 때문에 이조 전관은 정말 중요한 자리로 꼽혔다. 전관 가운데서도 가장 관심과 눈길을 끄는 자리는 이조 전랑(吏曹銓郎)이라고도 불렸던 이조의 정랑(정5품)과 좌랑(정6품)이었다.

당시 임금의 가장 가까운 곳에서 임금의 두뇌와 입이 되어주었던 삼사(사헌부, 사간원, 홍문관) 관원의 선발은 이조판서에게 권한을 주지 않고 정랑과 좌랑에게만 맡겼다. 이조의 권한이 강해지는 것을 막기 위한 조치였다. 그러니 이조 전랑은 정말 막중한 자리였다. 관리들 중 특별히 명망 높은 사람이 전랑에 선발되었고, 그가 후임 전랑을 추천할 수도 있었으며 정승에 이르는 필수 과정으로 여겨지기도 했다. 이조 전랑이라는 그 한 자리도 소중하지만 관리의 인사권을 쥐고 있는 이 자리는 절대로 상대 파에 양보할 수 없었던 것이다.

선조 7년(1574) 7월 8일, 김효원(金孝元)이라는 사람이 이조 좌랑에 임명되었다. 이 평범한 사건으로부터 본격적인 붕당 사이의 싸움, 즉 당쟁이 시작되었다. 시작은 김효원과 심의겸(沈義謙) 사이의 갈등에서 비롯되었다.

사건의 발단은 김효원이 과거에 급제하기 전의 일로 거슬러 올라간다. 명종비 인순왕후의 동생이었던 심의겸은 공적인 일로 당시 영의정이던 윤원형의 집에 간 적이 있다. 윤원형은 명종의 모후 문정왕후의 동생으로, 당시 최고의 권세를 누리던 외척이었다.

당시 많은 선비가 윤원형을 마땅치 않게 생각했다. 임금 어머니의 치맛바람에 동참하여 외척의 권세를 한껏 누리던 사람이었기 때문이다.

심의겸은 윤원형의 집 책방에 이부자리가 많이 있는 것을 보고 의아한 생각이 들었다.

"어떤 이들이 이곳에 기숙하기에 이렇게 이부자리가 많이 있습니까?"

"여러 선비가 이곳에서 지내고 있습니다. 과거를 준비하는 서생 김효원도 이곳에 머물고 있지요."

이미 김효원의 이름을 알고 있던 심의겸은 속으로 추하다고 여겼다.

'그렇게 안 봤는데 김효원도 어쩔 수 없는 작자로군. 관직에 나가기 전부터 권세에 빌붙어 살고 있다니.……'

김효원이 과거에 장원으로 급제했을 때 심의겸은 우연히 다른 사람들에게 김효원의 얘기를 하게 되었다.

"김효원은 윤원형 대감 집에서 글 배우던 사람입니다. 내가 일전에 윤 대감 집에 갔을 때 그 집 책방에 머물고 있다는 얘길 들었지요."

이 말은 금세 선비들 사이에 퍼져나갔다. 그 후 김효원은 2~3년간 좋은 자리에 오르지 못했다. 권력자에 빌붙어 출세하려는 자로 여겨졌기 때문이다. 하지만 김효원은 스스로 청렴하고 성실한 사람임을 증명해 보였다. 그래서 결국 이조 전랑이라는 중요한 자리에 오를 수 있었다. 심의겸도 자신이 함부로 말한 것을 후회하여 더 이상 김효원의 앞길을 막는 행동은 하지 않았다.

김효원은 이조 전랑 일을 성실하게 잘 해냈다. 공정한 입장에서서 그간 소외되었던 선비를 많이 발탁하여 주변 사람들의 칭송

• 창덕궁 정청. 이조나 병조의 인사를 담당했던 전관들은 이곳 정청에서 근무했다.

을 얻었다. 그러던 중 심의겸의 동생 심충겸(沈忠謙)이 전랑에 추천되는 일이 생겼다. 이때 김효원이 반대하고 나섰다.

"심충겸 같은 외척을 요직에 진출시키는 것은 마땅치 않습니다."

김효원의 이런 의견은 사람들에게 많은 영향을 끼쳤다. 그간 김효원의 명성과 위세가 커졌기 때문이다. 이 일은 사람들 사이에 논란거리가 되었다.

"심충겸은 하자가 없고 전랑의 자격이 충분히 있는 사람이다. 그런데 김효원이 등용의 길을 가로막는 것은 예전의 심의겸의 발언에 대한 보복이다. 이미 지나간 일을 가지고 본인도 아닌 동생의 출세를 막는 것은 그릇된 처사이다."
"김효원은 앞일을 징계하여 뒷일을 삼가는 것이다. 이는 나라를 위하는 충정에서 나온 것이지 다른 뜻이 있는 것은 아니다."

김효원의 행동이 옳다 혹은 그르다고 말하는 사람들로 급기야 패가 나뉘었다. 이때 김효원의 집은 도성 동쪽 건천동에, 심의겸의 집은 도성 서쪽 정동에 있었기 때문에 사람들은 이 두 세력을 동인과 서인으로 나누어 부르기 시작했다.

처음에는 그냥 단순한 감정 대립과 사소한 의견 차이로 시작되었다. 그런데 붕당은 계속 발전하고 그 모습과 양상을 바꿔나갔다. 점차 학맥과 사상의 차이로 이어지고 나중에는 정치적 반목으로까지 확대되어 조선 후기 사회의 병폐가 되어버렸다.

당시 정치적 갈등이 얼마나 심했던지 영의정을 지냈던 이양원(李陽元)은 당쟁으로 나라가 위기에 처할 것이라는 것을 내다보고 많은 걱정을 했다. 그 절박한 걱정을 다음과 같이 시조에 담기도 했다.

> 높으나 높은 나무에 날 권하여 올려 두고
> 이보오 벗님네야, 흔들지나 말아주오.
> 내려져 죽기는 섧지 아녀도 임(임금님) 못 볼까 하노라

임금님을 다시 못 본다는 얘기는 나라가 망한다는 얘기다. 이렇게 붕당의 반목과 질시가 심하면 나라가 망한다는 교훈은 이미 수많은 역사 속에 드러나 있다. 하지만 조선 선조 이후의 양반들은 이 교훈을 모른 척했다. 권력을 얻겠다는 욕심에 눈이 멀면서 역사의 교훈 따위는 아랑곳하지 않게 되기 때문이다. 그들에게는 어떤 사안의 옳고 그름은 중요하지 않았다. 무엇보다 상대가 어떤 입장을 취하고 있느냐에만 집중했다. 자신은 상대의 입장과 무조건 반대의 입장을 취해야 했기 때문이다.

● 경기 파주 임진강이 굽어보이는 강가의 벼랑 위에 위치한 화석정. 율곡 이이가 자주 들러 시를 짓고 명상을 하며 학문을 연구하던 곳이다.

이때 당쟁을 중간에서 막으려 적극적으로 나선 사람이 바로 율곡 이이(李珥)이다. 그는 당쟁이 심해지자 동인의 김효원과 서인의 심의겸을 외직으로 내보낼 것을 선조에게 건의했다. 양쪽 당의 우두머리격인 사람들을 일선에서 물러나게 하면 당쟁이 줄어들 것이라 생각했던 것이다.

"이 두 사람 사이가 크게 나쁜 것은 아닙니다. 단지 우리나라 인심이 가볍게 떠드는 것을 좋아하고 타락한 풍속의 시끄러움이 더욱 심하여, 두 사람의 친척과 친구들이 각각 들은 말을 전하여 고자질하였으므로 드디어 어지럽게 된 것입니다. 대신은 그것을 진정시켜야 되므로 두 사람을 외직으로 보내어 논란의 근본을 끊으려는 것이니, 상(선조)께서도 반드시 이 일을 아셔야 할 것입니다. 오늘날 조정에 드러내놓고 간사한 인간은 없지만 그렇다고 반드시 소인이 없다고 할 수 있겠습니까. 만약 소인들이 이 두 사람이 붕당을 한다고 지목하여 둘 다 죄를 물을 계획을 한다면 사림의 재앙이 일어날 것이니, 이것을 살피지 않아서는 안 됩니다."

-『선조실록』 1575년 10월 24일

선조는 이런 이이의 의견을 받아들여 김효원을 부령 부사로, 심의겸을 개성 유수로 삼아 지방으로 내려 보냈다.

하지만 한번 생긴 붕당은 이로써 사라지지 않았다. 또 이이마저도 완전한 중립은 아니었다. 이이는 서인의 입장에 서서 당쟁을 막으려 했기 때문에 늘 동인의 반대에 부딪혔고 그들의 적이 되었다.

이이는 선조 7년(1574)에 '만언소'라는 상소를 올려 묵은 제도를 새롭게 고치고 정비해야 한다고 주장했다. 이후에도 이이는 국방을 튼튼히 해야 한다는 내용의 '시무육조'를 내놓는 등 곧 닥칠 환란을 대비해야 한다는 뜻을 거듭 밝혔다. 이이는 불필요한 공직자 수를 줄이고 그 절약되는 비용으로 군사를 키우자는 내용이나 관찰사의 임기를 보장하여 그로 하여금 지방을 제대로 다스릴 기회를 주어야 한다는 내용의 상소를 올리기도 하였다. 또 서얼 제도를 폐지하며 신분에 관계없이 천민이나 노비 중에서도 능력 있는 사람은 평등하게 공직에 발탁하여 나랏일을 맡겨야 한다고도 주장하였다. 그는 양반에게도 군역을 부과하고 병력을 증강할 것도 주청하였다. 나라를 발전시키고 국방력을 기르기 위한 획기적인 내용들이었지만 그의 주장은 양반들의 극심한 반발에 부딪쳤다.

국방력을 키우자는 이이의 주장 중 가장 잘 알려진 것은 '10만 양병설'이다.

"미리 10만의 군사를 양성하여 앞으로 뜻하지 않은 변란에 대비해야 합니다."

이이는 임금과 함께 학문과 정치를 논하는 경연 자리에서 10만 양병을 누누이 강조했다. 당시 조선의 총 병력 수는 30만 명이 넘는 것으로 장부에 기록되어 있었다고 한다. 하지만 실제 전투에 나아가 제대로 싸울 수 있는 군인의 숫자는 1천 명 정도에 지나지 않았다고 한다. 그러니 이이가 10만 명이라도 군대를 키우자고 하였을 것이다.

이에 동인이었던 유성룡(柳成龍)은 "군사를 양성하는 것은 재앙의 실마리를 키우는 것이다."라며 강력히 반대하였다. 지금 생각해보면 예언에 가까웠던 이이의 주장은 묵살되었다. 임금을 현혹

하기 위한 황당한 발언이니 받아들여서는 안된다는 주장도 있었다.

이이는, "유성룡은 재주와 기개가 참으로 특출하지만 우리와 더불어 일을 함께 하려고 하지 않으니 우리가 죽은 뒤에야 반드시 그의 재주를 펼 수 있을 것이다."라고 늘 탄식했다고 한다. 임진왜란이 일어나자 유성룡은 군사를 관리하는 일을 맡게 되었다. 유성룡은 그제서야 "이이는 선견지명이 있고 충성스런 절의가 있었으니 그가 죽지 않았다면 반드시 오늘날에 도움이 있었을 것이다."라고 뒤늦게 아쉬워했다고 한다. 당시 붕당을 앞세운 사람들은 이렇게 서로의 능력이 뛰어난 줄 알면서도 상대의 주장에는 무조건 반대를 했다.

• 서울 사직공원에 있는 율곡 이이의 동상. 이이는 10만 명의 병사를 키우자고 누누이 강조했지만 그의 주장은 반대파에 의해 묵살되었다.

이 무렵 일본에서는 오랜 전국시대가 끝나고 나라가 하나로 통일되었다. 전국을 통일하기는 했지만 통일의 주역 도요토미 히데요시(豊臣秀吉)는 자신의 지지 기반을 확고하게 만들지 못했다. 그는 불만 세력이 커지는 것을 막기 위해 '대륙 정복'이라는 구호를 내걸었다. 일본은 이때까지의 오랜 전쟁으로 병법, 무술, 해운술 등이 발달했고 서양에서 들여온 신무기 조총을 대량 생산하는 등 전쟁 준비를 다 끝낸 참이었다.

일본은 함께 힘을 합쳐 명나라를 치자고 조선에 제의했다. 조선은 이 제의를 거절했다. 임금은 물론 왕비나 세자, 세자빈까지 명나라의 고명을 받던 조선에게 명나라는 침략의 대상이 될 수 없었다. 또 이때 조선은 200여 년 동안 전쟁을 겪지 않은 상태여서 전쟁을 치를 태세를 갖추지 못했다. 게다가 극심한 당쟁을 벌이느라 국방에 대한 대책을 세우지 못했고 국력은 극도로 쇠약해져 있었다.

1590년 일본의 동태가 수상하다고 판단한 대신들은 그 동향을 살피기 위해 통신사를 일본에 보냈다. 그런데 이듬해에 돌아온 통신정사 황윤길(黃允吉)과 부사 김성일(金誠一)은 서로 반대되는 보고를 하였다. 실록에는 통신사로 다녀온 두 사람의 언행이 다음과 같이 기록되어 있다.

> " …… 당초 황윤길 등이 지난해 4월 바다를 건너 대마도에 도착하였는데, 일본은 당연히 영접사를 파견해서 사신 일행을 인도하여야 하는데도 그렇게 하지 않았다. 이에 김성일은 그들의 거만함을 받아들일 수 없다고 의논하고 1개월을 지체한 뒤에야 출발하였다. …… 왜인은 일부러 길을 돌아 몇 달을 지체하고서야 자신들의 국도 오사카(大阪)에

도착하였다.

사신 일행이 대마도에 있을 때 도주 평의지(平義智)가 국본사에서 사신들에게 연회를 베풀고자 하였는데, 국본사는 산 위에 있었다. 사신들이 먼저 가 있는데 평의지가 가마를 탄 채 문을 들어와 뜰 아래에까지 와서 내리자 성일이 그의 무례함에 노하여 즉시 일어나 방으로 들어가니, 허성(許筬) 이하도 따라서 일어났으나 윤길은 그대로 앉아서 잔치에 임하였다. 성일이 병을 핑계로 나오지 않자 다음 날 평의지가 그 까닭을 듣고서 미리 알리지 않았다고 하여 시중을 든 왜인의 머리를 베어 가지고 와서 사죄하였다. 이런 일이 있은 이후로 왜인들은 성일이 보이기만 하면 말에서 내려 더욱 더 깍듯이 예를 지켜 대접하였다.

그들의 국도에 도착해서는 큰 절에 숙소를 정하였는데, 마침 도요토미 히데요시가 출병하였다가 몇 달 만에 돌아온 데다 또 궁실을 수리한다는 핑계로 즉시 국서를 받지 않아 5개월을 지체한 뒤에야 명을 전하였다.

그들 나라에서는 천황이 제일 높아 히데요시 이하가 모두 신하로 섬기지만, 국사는 모두 간파쿠(關白, 섭정)가 통괄하였고 천황은 형식적인 지위만 가지고 있었다. 그러나 깍듯한 예절로 받들고 의장도 특별하여 천황을 부처 받들 듯이 하였다. …… 히데요시의 용모는 왜소하고 못생겼으며 얼굴은 검고 주름져 원숭이 형상이었다. 눈은 쑥 들어갔으나 동자가 빛나 사람을 쏘아보았는데, 사모와 흑포 차림으로 방석을 포개어 앉고 신하 몇 명이 배열해 모시었다. 사신이 좌석으로 나아가니,

연회의 도구는 차려놓지 않고 앞에다 탁자 하나를 놓고 그 위에 떡 한 접시를 놓았으며 옹기 사발로 술을 치는데 술도 탁주였다. 세 순배를 돌리고 끝내었는데 잔을 주고 받고 절하는 예는 없었다.

얼마 후 히데요시가 안으로 들어갔는데 자리에 있는 자들은 움직이지 않았다. 잠시 후 편복 차림으로 어린 아기를 안고 나와서 당상에서 서성거리더니 밖으로 나가 우리나라의 악공을 불러서 여러 음악을 성대하게 연주하도록 하여 듣는데, 어린 아이가 옷에다 오줌을 누었다. 히데요시가 웃으면서 시녀를 부르니 왜녀(倭女) 한 명이 대답하며 나와 그 아이를 받았고 히데요시는 다른 옷으로 갈아 입는데, 모두 태연자약하여 방약무인한 행동이었으며, 사신 일행이 사례하고 나온 뒤에는 다시 만나지 못하였다.

…… 사신이 돌아가게 해줄 것을 재촉하자 히데요시는 답서를 즉시 재결하지 않고 먼저 가도록 요구하였다. 이에 김성일이"우리는 사신으로서 국서를 받들고 왔는데 만일 답서가 없다면 이는 왕명을 천하게 버린 것과 마찬가지이다"라고 말하며 물러나오려 하지 않자 황윤길 등이 붙들려 있게 될까 두려워하여서 마침내 나와 기다리고 있으니 비로소 답서가 왔다. 그런데 말투가 거칠고 거만해서 우리 측에서 바라는 내용이 아니었다. 김성일은 그 답서를 받지 않고 여러 차례 고치도록 요구한 뒤에야 받았다. 지나오는 길목에서 왜의 장수들이 주는 물건들을 김성일만은 물리치고 받지 않았다.

황윤길은 임금에게 그간의 실정과 형세를 아뢰면서"필시 전쟁이 일어날 것이다"라고 하였다. 김성일은 아뢰기를,"그러한 정상은 발견하지 못하였는데 황윤길이 장황하게 아뢰어 인심이 동요되게 하니 사의에 매우 어긋납니다"라고 하였다. 임금이 물었다.

"수길(秀吉, 도요토미 히데요시)이 어떻게 생겼던가?"

하니, 황윤길은 아뢰기를,

"눈빛이 반짝반짝하여 담과 지략이 있는 사람인 듯하였습니다."

하고, 김성일은 아뢰기를,

"그의 눈은 쥐와 같으니 족히 두려워할 위인이 못됩니다."

하였는데, 이는 김성일이, 일본에 갔을 때 황윤길 등이 겁에 질려 체모를 잃은 것에 분개하여 말마다 이렇게 서로 다르게 한 것이었다. 당시 조헌(趙憲)이 왜적이 기필코 쳐들어올 것이라고 주장하였기 때문에 대체로 황윤길의 말을 주장하는 이들에 대해서 모두가"서인들이 세력을 잃었기 때문에 인심을 요란시키는 것이다"라고 하면서 구별하여 배척하였으므로 조정에서 감히 말을 하지 못하였다.

유성룡이 김성일에게 말하기를,

"그대가 황윤길의 말과 고의로 다르게 말하는데, 만일 병화가 있게 되면 어떻게 하려고 그러시오?"

하니, 김성일이 말하기를,

"나도 어찌 왜적이 나오지 않을 것이라고 단정하겠습니까. 다만 온 나라가 놀라고 의혹될까 두려워 그것을 풀어주려 그런 것입니다"하였다."

-『선조실록』 1591년 3월 1일

두 사람의 보고가 달랐던 이유는 황윤길은 서인이었고 김성일은 동인이었기 때문이다. 논란 끝에 결국 침략에 대비하지 않는 쪽으로 결론이 났다. 당시 세력이 우세하던 동인의 주장이 받아들여진 것이다. 표면적인 이유는, 괜히 전쟁 준비를 하여 민심이 흉흉해지도록 만들 필요가 없다는 것이었다. 그런데 이 결론이 난 다음해에 일본이 쳐들어왔다. 역사에는 가정이 필요없다지만 이때 통신사들이 제 역할만 제대로 했더라면 국토를 초토화한 임진왜란이라는 전쟁을 막을 수 있었을 것이라 여겨진다. 이렇게 붕당의 대립과 반목은 국가에 커다란 위기를 초래한다.

임진왜란이 일어나기 전까지 선조 임금에게는 또 다른 고민이 있었다. 자신의 나이 40세가 넘도록 세자 책봉을 못하고 있다는 점이었다. 당시 선조에게는 아들이 열네 명이나 있었다. 그러나 그들은 모두 왕비가 낳은 적자(嫡子)가 아니라 후궁에게서 태어난 서자(庶子)들이어서 그들 중에서 후계자를 정할 수 없었다.

선조의 바로 전 임금 명종은 뒤를 이을 자식을 남기지 못하게 되자 조카인 하성군을 후계자로 꼽았다. 하성군은 명종의 이복동생 덕흥군의 아들이고 덕흥군은 중종과 그 후궁 창빈 안씨 사이에서 태어난 아들이다. 하성군이 제14대 임금 선조이다. 선조는 이렇게 조선 최초로 적손(嫡孫)이 아닌 서손(庶孫)으로서 왕위를 이은 임금이다.

● 선조의 목릉. 전쟁의 기운이 새어나오지 못하도록 능침을 병풍석으로 둘렀기 때문에 선조의 영혼은 아직 전쟁의 기운 속에서 헤맬지도 모른다.

그러니 선조는 자신이 서손 출신이라는 점에 콤플렉스를 느꼈을 것이다. 그래서 정통성에 결함이 없는 당당한 적장자(嫡長子)로 세자를 세우고 싶었을 것이다. 그것이 선뜻 세자 책봉을 할 수 없었던 이유였던 것이다.

물론 대신들은 하루 빨리 세자 책봉을 하자고 재촉했다. 당시 좌의정이었던 정철(鄭澈)은 이 문제를 해결하고자 앞장을 섰다.

"광해군을 세자로 세우도록 전하께 주청을 합시다."

"알겠소. 그럼 경연 때 전하께 그렇게 말씀드립시다."

광해군은 서자 가운데 차남이었지만 정철은 그가 후계자로 적합한 인물이라고 생각했다. 서인이었던 정철은 먼저 동인이었던 유성룡과 이 일을 상의했다. 의견을 같이 한 두 사람은 영의정이었던 이산해(李山海)와도 이 문제를 상의하려 했다. 그런데 이산해는 의도적으로 그 자리를 피했다. 대신 인빈 김씨의 오빠인 김공량(金公諒)을 찾아갔다.

"정철이 광해군을 세자로 책봉하자고 전하께 주청하려 합니다. 광해군이 보위를 이으면 신성군과 다른 왕자들이 어떻게 될 지는 불을 보듯 훤히 알 수 있습니다. 정철이 세자 책봉을 기화로 신성군 모자를 제거하려 합니다."

신성군의 어머니 인빈 김씨는 이 말을 전해 듣고 당장 선조에게 달려가 울며 매달렸다.

"전하, 좌의정 정철이 광해군을 세자로 삼고 소첩과 신성군을 죽이려 한답니다. 어찌 이런 일이 두고 보시렵니까?"

선조는 처음에는 이 말을 대수롭지 않게 여겼다. 그런데 경연에 나온 정철이 광해군의 세자 책봉을 서두르자고 말하자 선조는 불같이 화를 냈다. 선조는 신성군을 총애하고 있었다. 선조는 '악독한 정철'이라는 말까지 사용하면서 정철과 그에 동조하는 서인

대신을 모두 귀양 보냈다. 이 사건은 선조가 오만한 신하를 혼내 준 것이 아니라 동인이 서인을 조정에서 몰아내기 위해 의도적으로 꾸민 사건이었다.

이 대대적인 숙청의 과정에서 서인은 밀려났지만 조정에 남은 동인은 또 두 파로 나뉘었다. 정철을 사형시켜야 한다는 과격파는 북인이, 귀양만 보내면 된다는 온건파는 남인이 되었다. 결국 이 사건으로 조선은 세자 책봉이라는 중대한 결정을 또 다시 미뤄야 했다. 또 이 문제 때문에 계속 국력을 허비해야 했다. 이때가 임진왜란이 일어나기 바로 전 해인 1591년이었다.

1592년 조선은 기어이 왜적의 침입을 당하고 말았다. 바로 임진왜란이다. 4월 13일 일본은 20만 명의 병력을 이끌고 새벽 안개를 틈타 바다를 건너와 하루 만에 부산진을 함락시켰다. 부산에서 망을 보던 관리가 처음에 먼저 온 400여 척을 보고 본부에 알렸다. 보고를 받은 장수는 이를 전체 수효로 여기고 그대로 조정에 보고했다.

"적의 배가 400척이 채 못 되는데 한 척에 실은 인원이 수십 명에 불과하니 그 대략을 계산하면 약 1만 명쯤 될 것입니다."

동래 부사 송상현(宋象賢)은 적이 바다를 건넜다는 소문을 듣고 지역 안의 주민과 군사, 이웃 고을의 군사들까지 불러 성을 나누어 지켰다. 부산이 함락되었다는 소식을 듣고는 겁을 먹은 일부 장수들은 어쩔 줄 몰라 하며 도망가려는 핑계만 찾았다. 왜적은 남문 밖에 다음과 같이 쓴 나무패를 세웠다.

"싸우고 싶으면 싸우고, 싸우고 싶지 않으면 길을 빌리자(戰則戰矣 不戰則假道)."

그러나 송상현은 "싸워 죽기는 쉬우나 길을 빌리기는 어렵다(戰死易 假道難)."라는 패를 내걸어 결사 항전의 뜻을 밝혔다. 성이 마침내 포위되고 송상현이 남문에 올라가 전투를 독려했지만 반나절 만에 함락되었다.

송상현은 성이 함락되려고 할 때 부채에다 "달무리처럼 포위당한 외로운 성 대진의 구원병은 오지 않는데, 군신의 의리는 중하고 부자의 은혜는 가벼워라(孤城月暈 大鎭不救 君臣義重 父子恩輕)."라고 써서 자신의 아버지 송복흥(宋復興)에게 전하게 하였다. 군신의 의를 지키기 위해 아버지보다 먼저 죽는 불효를 저지를 수밖에 없다는 일종의 해명이 담긴 유서였다. 그는 죽을 때까지 갑옷 위에 조복(朝服)을 입고 의자에 앉아 움직이지 않았다고 한다. 자신이 조선의 관리이며 임금의 신하임을 끝까지 포기하지 않은 것이다.

선조가 한양을 내주고 몽진 길에 오른 날은 4월 그믐날이었다.

왜적이 부산포에 상륙한 지 불과 20일 만이었다.

"…… 새벽에 상(선조)이 창덕궁 인정전에 나오니 백관들과 인마 등이 대궐 뜰을 가득 메웠다. 이날 온종일 비가 쏟아졌다. 상과 동궁은 말을 타고 중전 등은 뚜껑 있는 교자를 탔었는데 홍제원에 이르러 비가 심해지자 숙의(淑儀) 이하는 교자를 버리고 말을 탔다. 궁인(宮人)들은 모두 통곡하면서 걸어서 따라갔으며 종친과 호종하는 문무관은 그 수가 1백 명도 되지 않았다. 점심을 벽제관에서 먹는데 왕과 왕비의 반찬은 겨우 준비되었으나 동궁은 반찬도 없었다. 병조 판서 김응남(金應

- 덕수궁의 석어당. 몽진에서 돌아온 선조는, 궁궐이 모두 불타버려 왕족의 사저였던 이곳 석어당에서 지내다 이곳에서 생애를 마감했다.

南)이 흙탕물 속을 분주히 뛰어다녔으나 여전히 어찌 해 볼 도리가 없었고, 경기 관찰사 권징(權徵)은 무릎을 끼고 앉아 눈을 휘둥그레 뜬 채 어찌할 바를 몰랐다."

-『선조실록』 1592년 4월 30일

『선조수정실록』에는 왕비가 걸어서 피란길에 올랐다고 기록되어 있다.

"…… 종묘와 사직의 신주판을 받들고 앞서게 하고 세자가 그 뒤를 따랐으며 상의 가마가 나간 뒤 왕자 신성군 이후(李珝)와 정원군 이부(李琈)가 따랐다. …… 밤이 칠흑같이 어둡고 비가 내려 지척을 분변할 수 없었는데, 임금은 융복(戎服 : 군복)으로 말을 타고 왕비는 걸어서 나왔다. 도승지 이항복이 촛불을 잡고 앞을 인도하니 왕비가 성명을 물어서 알고 위로하며 권면하였다. ……"

-『선조수정실록』 1592년 4월 14일

(수정실록의 4월 기사는 모두 14일자로 기록되어 있다)

임금의 가마가 궁궐을 떠나려 할 즈음 백성들이 내탕고(임금의 재산을 보관하는 창고)에 들어가 보물을 다투어 가져갔다. 가마가 떠나자 난민들이 몰려와 장례원(掌隷院)과 형조(刑曹)를 불태웠는데 그 두 곳에 공사 노비의 문서가 있었기 때문이다. 그리고 마침내 궁궐에 불을 질러 흔적을 없앴다. 경복궁, 창덕궁, 창경궁의 세 궁궐이 한꺼번에 모두 타버렸다. 관리들이 나서 몇 사람의 목을 베면서 군중을 경계시켰지만 난민의 분노를 잠재울 수 없었다.

조선은 바야흐로 풍전등화(風前燈火)의 위기에 놓이게 되었다. 그 때까지 조선은 세자를 세우지 못하고 있었는데 전쟁이라는 비상 사태가 발생하는 바람에 조정을 분리해야 했고 분조(分朝)를 이끌 세자가 급히 필요하게 되었다. 적자가 없으므로 서장자(庶長子)인 임해군을 세자로 세워야 했지만 임해군은 성정이 난폭하고 광증이 있다는 이유로 제외되었다. 선조가 총애하던 신성군도 병으로 죽었기 때문에 어쩔 수 없이 피란길에서 광해군을 세자로 책봉하였다. 분조를 맡은 광해군은 병사들을 지휘하고 군량을 확보하는 등 눈부신 활약을 했다. 민심을 수습하는 데 힘을 쏟은 광해군의 노력에 호응한 듯 각지에서 의병이 일어나기 시작했다.

의주까지 밀려간 선조는 급히 명나라에 원군을 요청했다. 파죽지세로 몰려드는 왜적의 기세에 명나라도 놀랐다. 전쟁이 시작된 지 얼마 지나지 않아 평양성이 함락되었다는 소식을 들은 명나라는 조선과 일본 두 나라가 짜고 명나라를 공격하는 것으로 의심했을 정도였다고 한다. 그때 명나라는 국력이 쇠약해져 다른 나라에 군사를 보낼 수 있는 상황이 아니었다. 그러나 왜적이 조선을 점령하면 자신들의 국경까지 위태롭게 될 것을 염려하여 파병

• 충남 공주 공산성의 명국삼장비. 정유재란 때 왜적을 막아내 주민을 편안케 했던 명나라 장수 이공, 임제, 남방위의 공덕을 기린 비석들이다.

을 결정하였다.

간단하게 전쟁이 끝날 것으로 생각했던 왜적은 의병과 수군의 활약과 명나라의 참전으로 전쟁이 길어지자 당황하기 시작했다. 반격에 놀란 것은 물론 보급이 제대로 이뤄지지 않고 전염병까지 도는 바람에 왜적은 매우 지쳐 있었다. 결국 왜적도 명나라와의 화의를 원하게 되었다.

화의에 나선 명나라의 사신 심유경은 오사카에 가서 도요토미 히데요시와 만났다.

“전쟁을 끝내려면 다음의 조건을 들어주어야 할 것이오. 첫째, 명나라 황녀를 일본의 후비로 삼을 것, 둘째, 조선 8도 중 4도를 떼어줄 것, 셋째, 조선 왕자 및 대신 열두 명을 인질로 보낼 것 등이오. 이 조건이 받아들여지지 않는다면 전쟁을 계속할 수밖에 없소.”

심유경은 히데요시가 내놓은 말도 안 되는 이 조건들을 받아들였다. 왜는 그 약속을 믿고 조선에 있던 병력을 철수하고 포로로 잡았던 조선의 두 왕자, 임해군과 순화군을 돌려보냈다.

하지만 이런 조건들이 명나라에서 받아들여졌을 리 없었다. 심유경은 명나라에 가서는 딴 얘기를 했다. 그가 받아온 답장은 당연히 엉뚱한 내용이었다.

“도요토미 히데요시를 국왕으로 책봉하고 일본이 명나라에 조공 바치는 것을 허락한다.”

분노한 히데요시는 화의를 깨고 다시 조선을 침략해왔다. 그것이 1597년에 일어난 정유재란이다.

왜적은 임진왜란 때 조선의 수군에게 당했던 경험을 거울삼아 이번에는 모든 함대를 조선 군함보다 훨씬 크고 튼튼하게 만들어 해군부터 공략하기로 계획을 세웠다. 그들은 거짓 정보를 흘려 이순신을 함정에 빠트리려는 계략도 세웠다.

정유년 1월 이순신은 조정으로부터 왕명을 전달받았다.

"1월 15일에 왜장 가토 기요마사(加藤清正)가 바다로 쳐들어올 것이니 그를 바다에서 잡으라."

가토 기요마사에 대한 정보는 또 다른 왜장 고니시 유키나가(小西行長)가 그의 부장 요시라를 통해 권율에게 전달한 것이다. 이순신은 이 명령을 받아들일 수 없었다. 그 이유는 첫째, 정보의 제공자가 적군의 장수였기에 신뢰할 수 없었기 때문이다. 둘째 이유는, 그 정보가 사실이라 하더라도 적장 하나를 잡기 위해 조선 수군을 움직일 수는 없으며, 나라의 총력을 기울여야 하는 전쟁에서 적장 하나를 잡는 것이 의미가 없다는 것이었다.

선조는 노발대발했다. 비망기를 통해 우부승지 김홍미(金弘微)에 다음과 같이 전교하였다.

"이순신이 조정을 기망한 것은 임금을 무시한 죄이고, 적을 놓아주어 치지 않은 것은 나라를 저버린 죄이며, …… 방자하지 않음이 없는 것은 기탄함이 없는 죄이다. 이렇게 허다한 죄상이 있고서는 법에 있어서 용서할 수 없는 것이니 죽여야 마땅하다. 신하로서 임금을 속인 자는 반드시 죽이고 용서하지 않는 것이므로 지금 형벌을 끝까지 시행하여 실정을 캐어내려 하는데 어떻게 처리할 것인지 대신들에게 하문하라."

• 이순신 장군을 모신 사당 충렬사. 세계 전쟁 역사에 그 이름을 남긴 한산대첩의 전적지가 내려다보이는 경남 통영에 자리하고 있다.

-『선조실록』 1597년 3월 13일

이순신은 당파에 기울지 않은 인물이었다. 하지만 이순신 주변에 동인이 많았기 때문에 이순신도 동인으로 여겨지기도 했다. 그런데 당시 이순신의 문제를 논의할 때는 서인이 오히려 이순신의 편을 들었다고 한다. 전쟁 중이니 수군의 사령관인 이순신을 처형하는 것은 마땅치 않다는 것이었다. 하지만 그것이 서인이든 동인이든 아무런 의미가 없었다. 어차피 서인의 의견에 동인이 반대하고 나섰을 테니 말이다.

이때 상황에 대하여 실록에는 다음과 같이 기록되어 있다.

"앞서 고니시 유키나가와 경상 우병사 김응서(金應瑞)가 서로 통하여, 요시라가 그 사이를 왕래하였는데, 그가 말한 바에 의하면 고니시 유키나가와 가토 기요마사의 사이가 좋지 않은 듯해서 우리나라는 그걸 믿었다. 이때에 왜적이 재침을 모의하면서 우리나라의 수군을 꺼려했고, 그중에서도 더욱 더 이순신을 꺼렸다. 이에 고니시 유키나가가 요시라를 보내서 말하기를'강화하는 일이 이루어지지 않은 것은 실로 가토 기요마사가 주장하고 있어서이다. 만약 그를 제거하면 나의 한이 풀리게 되고 귀국의 근심도 제거될 것이다. 모월 모일에 가토 기요마사가 어느 섬에서 잘 것이니, 귀국에서 만약 수군을 시켜 몰래 잠복해 있다가 엄습하면 결박할 수가 있을 것이다'라고 하였다. 김응서가 이로써 보고하니, 상이 황신(黃愼)을 보내 이순신에게 비밀히 유시하였다. 그러나 이순신은'바닷길이 험난하고 왜적이 필시 복병을 설치하고 기다릴 것이다. 전함을 많이 출동하면 적이 알게 될 것이고, 적게 출동하면 도리어 습격을 받을 것이다'라며 마침내 거행하지 않았다. 그런데 그날 가토 기요마사는 과연 다대포 앞바다에 왔다가 그대로 서생포로 향했는데, 이는 실로 고니시 유키나가와 함께 적은 군사로 우리를 유인하고자 한 것이었다. 그런데 조정에서는 오히려 조정의 명령을 따르지 않은 것을 들어 이순신을 하옥시키고, 전남 병사 원균을 통제사로 삼았다."

-『선조수정실록』 1597년 2월 1일

이순신의 입장에서 보면 경상 우병사 김응서도 원래 믿을 수 없는 사람이었다. 『난중일기』를 보면 이순신은 김응서의 농간 때문에 선조에게 다음과 같은 편지를 받기도 했다.

"전쟁의 재앙이 나라를 참혹하게 만들고 원수 놈은 나라 안에 있어 귀신도 부끄러워하고 사람도 원통해 함이 천지에 사무쳤건만 아직도 요망한 기운을 쓸어버리지 못하고 원수 놈과 한 하늘을 이고 있으니 분하고 억울하다. 그러니 무릇 혈기가 있는 자로서 누가 팔을 부르걷고 마음을 썩이면서 원수 놈의 살점을 저미고 싶지 않겠는가!

그런데 경은 적과 마주 진치고 있는 일선 장수로서 조정의 명령도 없이 함부로 적과 대면하여 감히 도리에 어긋나고 불순한 말을 지껄이고 또 여러 번 사사로이 편지를 통해 적의 기세를 높이고 적에게 애교를 부릴뿐더러 적과 화해한다는 설이 명나라에까지 미쳐 부끄럽게 하고 틈이 생기는 실마리를 만들기에 조금도 거리낌이 없도다. 고집을 부리고 스스로 죄의 구렁텅이로 빠져 들어가니 내가 보기에는 몹시 해괴하고 그 까닭을 알 수 없다. 생각건대 군율로 다스려도 아까울 것이 없겠지만 오히려 관대히 용서하고 돈독히 타이르고 경계하도록 책망하기도 한다. 경은 이 후로 마음을 고쳐서 정신을 가다듬어 후회할 일을 하지 말라."

-『난중일기』 1595년 7월 7일

이 편지를 받은 후 이순신은 "김응서란 어떤 자이기에 스스로 회개하여 다시 힘쓴다는 말을 듣지 못했다. 만약 쓸개라도 있는 자라면 반드시 자살이라도 할 것이다."라고 하였다. 그런 사람을 통한 정보이니 어찌 신뢰할 수 있었겠는가?

어쨌든 이순신은 우의정 정탁의 변호로 간신히 죽음은 면했지만 권율의 휘하에서 백의종군을 해야 했다. 이순신 대신 삼도수군통제사가 된 원균은 이순신이 애써 키워놓은 수군과 함대를 모두 잃고 육지로 도망치다가 잡혀서 목숨을 잃었다. 선조는 어쩔 수 없이 이순신을 다시 수군통제사로 임명하였다.

명량해전에서 이순신은 120명의 수군과 열세 척의 배로 133척의 일본 함대를 상대로 대승을 거뒀다. 도요토미 히데요시가 병사하고 그의 유언에 따라 왜적은 본국으로 철수하였다. 그런데 이순신은 단 한 명이라도 적을 살려 보낼 수 없다며 노량 앞바다에서 총공세를 가했다.

"싸움이 급하니 내가 죽었다는 말을 삼가라."

그날 전장에서 이순신은 이런 유언을 남기고 전사하였다.

이순신이 그날 전사한 것이 아니라는 설이 있다. 전쟁에서 살아남아도 어차피 임금의 손에 죽을 것이 뻔하니 전쟁터에서 자살한 것이라는 얘기도 있다. 또 살아남아서 몰래 숨어살았다는 설도 있다. 이 은둔설을 뒷받침하는 근거는 두 가지이다. 첫째, 그의 시신을 방패로 숨긴 것이 다른 시신으로 바꿔치기하기 위해서였다는 것이다. 이순신의 그때 시신은 아들과 조카, 하인 한 명밖에 보지 못했다고 한다. 이들은 필요하다면 말을 맞출 수 있는 사람들이었다. 둘째, 이순신의 묘를 16년 후에 이장했다는 것이다. 16년 후에 진짜 이순신이 세상을 떠나서 그를 그 자리에 묻기 위해 가짜의 시신을 다른 곳으로 옮겼다는 것이다.

물론 이 얘기들을 다 믿을 수 있는 것은 아니다. 하지만 이런 얘기들이 당시 이순신이 선조와 다른 정치인들에 의해 핍박을 받고 있었음을 알려주기에는 충분하다. 이순신은 『난중일기』에 전쟁 중에도 당쟁에 여념이 없는 조정과 관리들을 비판하며 나라의 운명을 걱정하는 내용을 써놓기도 했다.

7년에 걸친 전쟁이 끝난 후 조선은 엄청난 변화를 겪었다. 인명피해나 재산 피해는 물론 사회 질서도 크게 흔들렸다. 선조는 우선 민심을 안정시키는 데 모든 힘을 쏟을 수밖에 없었다. 군사 훈련을 강화하고 전쟁에서 공을 세운 사람들에게 논공을 시행했다. 그런데 선조는 나라를 위기에서 구한 의병을 그다지 우대하지 않았다고 한다. 의병의 활약을 드러낼수록 관군이 형편없었다는 것이 강조되기 때문이다. 심지어는 1596년에 일어난 이몽학의 난에 의병장들을 연루시켜 처형하는 통에 그들을 믿고 따르던 백성들

● 광주 무등산 자락에 위치한 충장사. 임진왜란 후 억울하게 누명을 쓰고 죽임을 당한 의병장 김덕령의 사당이다.

은 큰 충격을 받았다.

그 중 대표적인 인물이 김덕령(金德齡)이다. 그가 담양에서 의병을 일으켜 남원까지 치고 들어갔을 때 왜적이 그를 두려워해서 대적하지 못했다고 한다. 그런데 그 무렵 일어난 이몽학의 반란 때 이몽학과 내통했다는 혐의를 받게 된 것이다. 김덕령은 죽기 직전에 다음과 같은 시조를 썼다.

춘산의 불이 나니 못다 핀 꽃 다 타 죽는구나
저 뫼 저 불은 끌 물이나 있거니와

이 몸의 연기 없는 불이 나니 끌 물 없어 하노라

'춘산의 불'은 '임진왜란'을, '못다 핀 꽃'은 '용감히 싸우다 전사한 젊은이들'을 비유한 것이다. 이 시조에서 김덕령이 말한 '연기도 없는 불'은 정치가들의 당쟁이다. 전쟁은 젊은이의 피로 승리할 수 있지만, 정치 싸움은 해결할 방법조차 없어 안타깝기만 하다는 얘기이다.

•제8장•

네 까짓 게 뭔데, 감히!

–병자호란

병자호란은 임진왜란보다 훨씬 더 망국에 가까이 다가간 사건이었다. 조선의 임금이 적국의 황제에게 아예 항복을 했으니 말이다. 백제가 당나라에 항복했을 때 의자왕은 당나라로 끌려가고 백제라는 나라는 그 역사를 끝내게 되었다. 병자호란 때 전쟁에 져서 임금이 항복한 상황이 백제의 망국과 다를 바 없다. 단지 청나라가 조선의 왕조를 그대로 유지시켰다는 점이 다를 뿐이다.

임진왜란을 겪은 지 30년도 채 안된 1627년에 조선은 또 다른 적 후금에게 침략당했다. 정묘호란이다. 후금은 여진족, 즉 만주족이 세운 나라이다. 조선은 여진족을 오랑캐라고 천하게 여겼다.

하지만 어찌 보면 만주를 중심으로 활동했던 여진족은 우리의 형제와도 같은 민족이다. 만주는 예전 고조선 땅이었으며 고구려와 발해의 땅이었으니 말이다. 그들이 결국 우리 민족과 함께 말을 타고 만주 지방을 누비며 한솥밥을 먹던 고조선, 고구려, 발해의 백성이었을 것이다.

그런데 조선 사람들은 우리 민족과 별 상관도 없는 한족하고만 친하게 지내고 싶어 했다. 한족은 자기네만 문화 민족이고 주변의 다른 민족은 모두 오랑캐라는, 이른바 중화 사상을 주장했다. 조선은 문화 민족에 끼기 위해 한족과 한 부류가 되길 원하며 형제 민족들을 오랑캐로 취급했던 것이다.

결국 고귀한 우리는 비천한 너희 오랑캐와 상대하고 싶지 않다는 입장이 그들을 자극하였다. "네 까짓 게 뭔데, 감히!"하는 근거 없는 자만심과 편협한 세계관이 정묘호란, 병자호란이라는 두 차례의 전란을 불러들인 것이다. 이로써 백성들은 전쟁의 고통에 허덕이게 되었고 임금은 치욕적인 항복 절차를 밟아야 했다.

명나라가 기울고 후금이 세력을 키워갈 때 조선에도 그와 같은 국제 정세에 현명하게 대처할 줄 아는 임금이 있었다. 바로 광해

• 한양 도성의 창의문. 병자호란의 참화는 반정군이 이 문을 통과하여 도성에 들이닥치면서부터 시작되었다고 할 수 있다.

군이다. 광해군은 선조의 아들로서 임진왜란 때 세자로 책봉되었다. 18세였던 광해군은 의주로 몽진 간 선조를 대신하여 분조를 잘 이끌었다. 백성들에게 아직도 조정이 건재하다는 사실을 알려 희망을 갖게 했고 평안도, 황해도, 함경도, 강원도 등을 옮겨 다니며 의병을 독려하고 군량을 수집하는 등 활발한 활동을 했다. 하지만 세자로서의 자격이 있는지에 대해서는 전쟁이 끝난 후까지도 계속 논란이 있었다.

그러던 중 선조가 48세 되던 해 첫 번째 왕비 의인왕후 박씨가 세상을 떠났다. 2년 후 선조는 19세의 새 왕비 인목왕후를 맞았다. 이때 광해군의 나이는 20대 후반으로, 새어머니 인목왕후보다 열 살 가까이 더 많았다. 게다가 인목왕후는 적자인 영창대군을 낳았다. 이때 조정은 영창대군을 지지하는 소북파와 광해군을 지지하는 대북파로 나뉘었다. 소북파는 광해군을 세자로 인정하지 않았다. 광해군이 서자이고 장남도 아닌 데다 명나라의 고명(誥命, 중국 황제가 준 임명장)도 받지 못했다는 이유 때문이다.

조선 왕실에 장남이 따로 있다는 이유를 들어 명나라가 광해군의 세자 책봉을 막은 데는 그들 나름의 속사정이 있었다. 당시 명나라 황제였던 만력제 신종이 귀비에게서 얻은 아들을 염두에 두고 맏아들의 황태자 책봉을 미루고 있었다. 그런 상황에서 조선 왕의 차남의 세자 책봉을 선불리 승인해주면 신종이 장자를 제치는 명분을 줄 수 있기 때문에 명나라의 조정은 이를 우려했던 것이다.

하지만 선조는 세상을 떠나기 직전에 광해군에게 왕위를 물려주겠다는 선위 교서를 내렸다. 선조는 세자인 광해군에게도 편지를 남겼다.

“형제 사랑하기를 내가 있을 때처럼 하고 참소하는 자가 있어도 삼가 듣지 말라. 이로써 너에게 부탁하니 모름지기 내 뜻을 받아라.”

이 편지에 광해군이 임금의 자리에 오르는 것을 인정하면서 동시에 영창대군을 잘 보살펴달라는 뜻을 담고 있었다.

왕위에 오른 광해군은 임진왜란으로 파탄에 이른 국가 재정을 확보하고 흐트러진 조정의 기강을 바로잡으려 노력했다. 또 도탄에 빠진 백성들을 구제하기 위한 여러 가지 정책을 실시했다.

여진족의 누르하치가 후금(後金)이라는 나라를 세운 것은 그 무렵이었다. 후금이 명나라를 침략하려고 하니 명나라가 조선에 원병을 청했다. 조선은 명나라에게 빚이 있었다. 임진왜란 때 원군을 보내준 것이 큰 빚으로 남아 있었다. 또 기울었다고는 하지만 명나라는 여전히 무시할 수 없는 힘을 가진 나라였다. 그러나 후금은 더 큰 힘을 지니고 있었다.

광해군은 대신들의 주장에 밀려 어쩔 수 없이 파병을 결정하게 되었다. 그런데 광해군은 강홍립(姜弘立)을 도원수로 임명하고 다음과 같이 지시했다.

"그대는 조선국의 정예 병력을 이끌고 있으니 명군 지휘부의 명령에 일방적으로 따르지 말고 신중하게 처신하여 패하지 않도록 하라."

이 전쟁에서 명나라는 후금에게 크게 패하여 10만 명에 이르는 병사를 잃었다. 그 와중에 강홍립은 후금에 항복했다. 강홍립이 오랑캐에게 항복했다는 소식이 전해지자 조선에서는 난리가 났다. 그의 처자를 죽이라는 상소가 빗발쳤지만 광해군은 그 가족을 보호해주었다. 이렇게 광해군은 명나라와 후금 사이에서 어느 쪽으로도 치우치지 않는, 이른바 중립 외교를 펼쳐나갔다.

하지만 이런 광해군의 태도는 조선의 대신들에게는 용납할 수 없는 일이었다. 그들은 명나라를 어버이의 나라로, 후금을 오랑캐의 나라로 여기고 있었기 때문이다. 광해군의 이런 태도는 그를 임금의 자리에서 몰아내는 커다란 명분이 되었다.

또 하나의 커다란 명분은 광해군이 폐모살제(廢母殺弟)를 저지른 패륜아라는 점이다. '폐모'는 어머니를 가두었다는 뜻이고 '살제'는 동생을 죽였다는 것이다. 폐모살제는 1613년에 일어난 '칠서의 옥'이라는 사건으로부터 시작되었다. '칠서'란 일곱 명의 서자를 일컫는 말이다. 일곱 명의 서자가 문경세재에서 상인을 죽이고 은 수백 냥을 약탈한 사건이 일어난 것이다. 그런데 죄를 추궁하는 과정에서 일곱 명의 서자는 엄청난 일들을 고백했다.

"영창대군을 추대하는 거사 자금으로 쓰려고 은을 훔쳤습니다."
"인목대비의 아버지 김제남(金悌男)이 저희의 우두머리이며, 인목대비 또한 역모에 가담했습니다."

결국 김제남은 사사되고 영창대군은 강화도에 위리안치되었다가 다음 해 대북파의 사주를 받은 강화 부사 정항에 의해 죽임을 당했다. 열두 살짜리 영창대군을 방에 가두고 불을 뜨겁게 때서 그 안에서 질식하여 죽게 한 것이다. 이 사건이 '계축옥사'이다.

1618년 대북파는 인목대비를 서궁인 경운궁에 유폐시켰다. 또 이이첨(李爾瞻) 등이 대비의 특권과 예우를 박탈하려 하였다. 하지만 명나라에서 폐서인의 고명이 내려오지 않아 인목대비는 대비의 신분을 계속 유지하게 되었다. 인목대비를 사사하자는 주장도 있었지만 광해군의 반대로 인목대비는 목숨을 지킬 수 있었다. 그러나 효를 인간의 가장 중요한 도리로 여기고 있던 조선 사회에서 어머니 인목대비를 가둔 것은 반정의 빌미를 제공하고도 남을 일이었다.

광해군을 둘러싼 대북파는 능창군을 제거할 계획도 세웠다. 능창군은 선조의 다섯 번째 서자 정원군의 아들이다. 그는 한때 선조의 총애를 받아 세자가 될 뻔했던 신성군의 양자였다. 능창군을 제거한 사건은 '신경희의 옥'이었다. 역모 혐의로 하옥된 신경희는 능창군을 임금으로 추대하려 했다고 자백하였다.

이 무렵 "정원군의 집에 왕기가 서린다."라든지 "인빈의 묏자리가 좋다."라는 등의 소문이 돌아 광해군을 더욱 초조하게 만들었다. 당시 17세이던 능창군은 큰 화를 당할 것이 두려워 자결하고 말았다. 이 능창군의 형이 바로 후일 반정을 일으켜 인조가 된 능

- 서울의 세검정. 인조반정 때 반정군이 이곳에서 칼을 씻으며 결전의 의지를 다졌다는 데서 정자의 이름이 만들어졌다.

양군이다. 인조의 개인적인 원한이 인조반정의 또 다른 원인이었던 것이다.

반정이 일어난 다음 날 능양군은 경운궁으로 가서, 11년 동안 유폐되어 있었지만 대궐의 가장 큰 어른인 인목대비에게 옥새를 바쳤다. 인목대비는 광해군 폐립의 교지를 내리고 경운궁 별당에서 능양군을 즉위시켰다. 그가 바로 조선 제16대 임금 인조이다.

1623년 왕위에 올랐을 때 인조의 나이는 29세였다. 즉위하자마자 인조는 광해군의 중립 외교의 틀을 깨뜨리고 후금을 배척하고 명나라를 숭배한다는 정책을 내세웠다. 이른바 친명배금 정책이다.

인조는 재위 동안 세 번이나 서울을 떠나 몽진을 가야 했다. 즉위 다음 해에 일어난 이괄의 난 때문에 인조는 공주로 몸을 피해야 했다. 두 번째는 정묘호란 때 강화도로 간 것이고 세 번째는 병자호란 때 남한산성으로 간 것이다.

이괄의 난은 인조반정의 논공행상이 잘못되어 일어난 사건이다. 1623년 3월 13일 새벽, 700명의 반정군은 홍제원(서울 홍제동)에 집결했다. 그런데 반정군 대장을 맡기로 한 김류(金瑬)가 나타나지 않았다. 그때 대신 대장으로 나선 사람이 이괄(李适)이다. 이괄이 동요하는 반정군의 대열을 정비하고 있을 무렵 김류가 나타났다. 결단을 내리는 데 시간이 걸렸던 것이다. 김류가 다시 총대장을 맡았고 반정은 성공을 거뒀다.

그런데 반정의 논공행상에서 김류는 1등 공신이 되었는데 이괄은 2등 공신에 그치고 말았다. 불만은 있었지만 이괄이 처음부터 역심을 가지고 있었던 것은 아니다. 그는 평안 병사로 임명된 후 임지인 영변에서 군사를 훈련시키며 국방에 힘쓰고 있었다. 그런데 다른 반정 공신들이 이괄을 의심하여 그의 아내와 동생을 처형했다. 가족이 능지처참 당했다는 소식을 듣고 분개한 이괄은 군사를 이끌고 한양으로 밀고 내려왔다. 순식간에 반군이 한양 근처까지 몰려오자 인조는 공주로 몽진을 떠나게 되었다.

1624년 2월 8일 밤, 인조는 말을 타고 창경궁을 빠져나갔다. 돌로 숭례문의 자물쇠를 부수게 하여 도성 밖으로 나갔지만 한강 나루에 닿았을 때 기다리는 배는 한 척도 없었다. 무사 한 사람이 강 건너로 헤엄쳐 가서 배를 끌고 돌아와서야 인조를 태울 수 있었다. 이때 성난 백성들은 다시 한번 궁궐을 불태웠다. 백성들은 무슨 일이 생기면 자신들을 버리고 도성을 떠나는 임금에 대해 크게 실망했기 때문이다.

이괄은 선조의 아들인 흥안군을 왕으로 추대하였다. 반정을 일으킨 인조가 아직 명나라의 고명을 받지 못한 상태여서 이때까지 인조나 이괄의 흥안군이나 정통성을 확보하지 못하기는 마찬가지였다.

이괄의 군대는 내분으로 20일 만에 무너졌다. 반군은 진압되고

• 충남 공주 공산성의 쌍수정(왼쪽)과 쌍수정 사적비(오른쪽). 이괄의 난 때 이곳으로 몽진 간 인조는 나무 두 그루(쌍수)에 기대어 나라를 걱정하다가 난의 평정 소식을 듣고 기뻐하며 쌍수에 통훈대부의 벼슬을 내렸다고 한다.

인조는 곧 한양에 돌아왔다. 하지만 민심은 왕과 집권층에서 멀어졌고 조정의 권위와 그에 대한 신뢰가 땅에 떨어졌다.

정묘호란 때 후금은 3만 명의 군사를 이끌고 조선에 쳐들어왔다. 명나라를 무너뜨리려는 후금에게 명나라와 끈끈한 관계를 맺고 있는 조선은 큰 부담이 되었다. 더구나 조선은 후금의 뒤쪽에 있었기 때문에 명나라를 정벌하려면 먼저 조선을 정리하지 않으면 안 되었던 것이다.

또한 반란에 실패한 이괄의 잔당이 후금으로 도망쳐 조선을 정벌하라고 부추기기도 했다. 그들은 광해군을 폐위하고 인조가 즉위한 것이 부당하다며 조선의 병력이 약하다는 것도 후금에게 알려주었다. 그래서 압록강을 건너온 후금 군대가 내건 침략의 이유 중 하나는 광해군의 복수였다.

이때 조선은 조정을 둘로 나누어 인조와 조정 대신들은 강화도로, 분조를 이끄는 소현세자는 전주로 피신했다. 강화도에서 대신들은 계속 싸울 것인지 아니면 화의를 할 것인지에 대해 격렬하게 토론하였다. 그러다가 후금이 먼저 화의를 제의해오자 인조는 화해를 하자는 주화론을 채택했다. 후금은, 명나라를 적대하지 않으면 후금과 형제 관계를 맺겠다는 조선의 약속을 듣고 군사를 돌렸다.

1636년 후금은 국호를 청나라로 바꾸고 형제 관계가 아닌 군

• 강화도의 연미정. 한강과 임진강이 합해진 두 방향의 물줄기가 제비꼬리 같다고 붙여진 이름이다. 정묘호란 때 이곳에서 강화조약을 체결했다.

신 관계를 맺어 공물과 군사 3만을 보내라고 요구해왔다. 조선은 공물에 대해서는 절충하려 했지만 '군신의 의'를 맺는 것은 결코 받아들일 수 없었다. 청나라의 제의를 거부하자 두 나라의 화의는 끊어지고 말았다. 청 태종은 왕자를 인질로 보내서 그동안의 잘못을 사죄하지 않으면 조선을 공격하겠다고 협박했다. 조선으로서는 절대로 받아들일 수 없는 요구였다. 결국 청나라는 12만의 군사를 이끌고 조선을 침략했다. 이것이 바로 병자호란이다.

병자호란이 일어나자 인조는 다시 몽진 길에 올랐다. 이번에도 강화도로 길을 잡았다. 그런데 청나라는 이미 조선의 상황을 자기네 집 사정처럼 훤히 알고 있었다. 병자호란 당시의 상황을 기록한 『산성일기』에는 청나라 황제가 보낸 편지가 실려 있다.

> "너희 나라가 산성을 많이 쌓았으나, 내 당당히 큰 길을 따라 갈 것이니 산성에서 나를 막을쏘냐? 너희 나라가 강화도를 믿는 모양이나, 내가 조선 팔도를 짓밟을 때 조그만 섬에서 임금 노릇을 하고 싶으냐? 너희 나라의 의논을 짐작하건대, 모두가 선비이니 가히 붓을 쌓아서 나를 막을쏘냐?"

청나라 군대는 불과 열흘 만에 한양을 점령했다. 인조는 왕자들과 비빈들을 먼저 강화도로 피란시키고 자신도 세자와 함께 강화도로 들어가려 했지만 청나라 군사가 강화도 가는 길을 막아버렸다. 인조는 어쩔 수 없이 남한산성으로 몸을 피했다.

남한산성은 광해군이 후금의 침략에 대비하여 쌓은 성이다. 광해군은 중립 외교를 펼치면서도 만일의 경우를 대비하고 있었던 것이다. 남한산성 창고에는 쌀과 잡곡을 합해서 1만 6,000석이 있었는데 이는 군병 1만 명이 한 달 동안 먹을 수 있는 양식에 지나지 않았다.

조선 조정은 남한산성에서 48일 동안 버텼다. 그동안 대신들은 화해를 하자는 주화파와 절대 화해할 수 없으니 끝까지 싸우자는 척화파로 나뉘어 다시 또 격론을 벌였다.

• 남한산성의 현절사. 청나라에 항복하기를 끝까지 반대했던 오달제, 윤집, 홍익한 등의 우국 충절을 기리기 위해 만든 사당이다.

그러고 있는 동안 청 태종은 인조에게 수 차례에 걸쳐 편지를 보냈다. 자신들을 무시한 것에 대해, 약속을 지키지 않은 것에 대해 화내고, 그래서는 안 된다고 가르치는 내용의 편지였다. 남한산성에 들어간 지 20일 째에는 청나라를 우습게 본 것을 책망하는 다음과 같은 편지를 보내왔다.

"대청국 관온인성황제는 조선 국왕에게 명령을 내려 깨우치노라.

내 군사가 지난번 명나라를 칠 때 너희 나라가 명나라 군주를 도와 나의 나라를 해쳤으나 나는 개의치 않았다. 그런데 네가 랴오둥의 내 백성들을 끌어들여 명나라에 바치니 짐은 이에 크게 노하여 정묘년에 군사를 일으켜 너를 친 것이다. 내 어찌 까닭 없이 군사를 일으켰으리오. …… 짐의 제후들이 네게 편지를 하니 무슨 까닭으로본디 편지하는 법도는 관례에 없노라라고 하였느냐? 정묘년에 네가 강화도로 달아났을 때 편지 왕래한 것은 제후가 아니었던가? 짐의 아우와 조카가 무엇이 너만 못 하리오? 또 너는 영주가 다스리는 나라의 왕들을 받들지 아니하는데 그 여러 왕은 원나라 황제의 자손으로 무엇이 너보다 못 하리오?

원나라 때는 조공 바치기를 끊이지 않더니 이제는 어찌 이렇게 높은 척을 하느냐? 짐이 이미 너희 나라를 아우로 대접하였는데 너는 더욱 패악하여 스스로 원수가 되어 백성을 도탄에 빠트리고 성곽을 내던지고 궁실을 버리며 처자를 버리고 혼자 몸만 산성에 들었으니 비록 천년을 산들 무엇이 유익하리오? …… 네가 비록 몸을 감추어 살기를 도모하나 짐이 어찌 가만히 놓아두리오?

짐의 여러 왕과 신하들이 짐에게 권해서 황제가 되었는데 네가 차마 듣지 못할 바라고 말하니 어찌 된 말인가? 황제가 되고 아니 됨은 네 뜻에 있지 아니하니라. 하늘이 도우면 필부도 천자가 되고 하늘이 벌을 내리면 천자도 필부가 되나니, 너의 말이 망령되도다.

맹세를 배반하고 사신을 박대하며 명나라 군주를 아비 같이 섬긴다 하여 나를 모해하니 이것이 큰 죄이다. 짐이 병력을 거느리고 너희 팔도강산을 마구 치지만 네가 아비 같이 섬기던 명나라 군주가 장차 무엇으로 너를 구하리오? …… "

-『산성일기』 1637년 1월 2일

이 편지에 의하면 홍타이지가 황제가 된 것에 대해 인조가 "차마 듣지 못할 말"이라고 했다는 것을 알 수 있다. 또 청나라 제후들의 편지를 받으려조차 하지 않았던 것도 알 수 있다. "그 까짓 게 무슨 황제야?" "그 까짓 오랑캐들 편지 받아봤자 뭐해?"라는 생각을 가지고 있었던 것이다. 그러기에 특별한 근거 없이 그들을 무시했던 것이다.

이는 무시당하는 입장에서 생각하면 정말 화가 나고 어처구니 없는 일이다. 그러니 청 태종 홍타이지가 "우리가 무엇이 너보다 못 하리오?"라는 말을 되풀이한 것이다.

인조도 청 태종에게 답장을 보냈다. 답장에는 조선을 '소방(小邦 : 작은 나라)'이라며 스스로 낮춰 일컬었다. 또 최대한의 예의를 갖춰 청 태종의 비위를 거스르지 않으려 애를 썼다. 그러면서 그냥 군사를 돌려주기를 간청하는 내용의 편지가 대부분이었다. 이렇게 금세 스스로를 낮출 것이면서 왜 상대를 거슬려 우리 강토에 적군을 끌어들였을까?

조선의 국왕이 크게 뉘우친다는 내용의 편지를 받은 청 태종은 다음과 같은 답장을 보내왔다.

• 남한산성 행궁의 좌전. 유사시 선대왕의 위패를 모시기 위해 만든 건물로, 서울의 종묘와 같이 정전과 영녕전으로 이뤄져 있다.

"…… 네가 하늘을 어기고 맹세를 저버린 까닭에 짐이 크게 노하여 군사를 거느리고 나와 쳐도 싸울 뜻이 없더니 이제 네가 외로운 성에서 고단하여 짐이 조서를 내려 크게 책망함을 보고 죄를 뉘우치는구나. 짐이 너를 용서하여 스스로 새롭게 하라함은 내 힘이 너에게 미치지 못해서가 아니다. 너에게 성에서 나와 짐을 만나라 명령하는 것은 첫째, 네가 성심으로 항복함을 보려고 함이고, 또 하나는 네게 은혜를 베풀어 다시 나라를 보전하게 하고 군사를 돌이켜 어진 마음을 천하에 보이려 함이다. ……

네가 만일 의심하여 성에서 나오지 않으면 지방을 다 짓밟고 생명이 다 진흙이 될 것이니 진실로 잠시도 머물지 못할 것이다. 짐이 처음에는 너를 본보기로 하여 맹세를 저버린 신하를 다 죽이려 하였는데 네가 이제 성에서 나와 명령을 따르겠다면 우선 우두머리였던 두 세 사람을 묶어 보내라. 짐이 그들의 머리를 베어 높이 매달아 뒷사람을 경계할 것이다. 짐이 명나라를 침략할 큰 계획을 그르치게 만들고 너의 생명을 위험에 빠뜨린 것이 이들이 아니고 누구이겠는가! 네가 만일 성에서 나오지 않으면 아무리 빌어도 짐이 듣지 않을 것이다."

-『산성일기』 1637년 1월 20일

이 편지를 받고도 인조는 척화를 주장했던 신하들을 차마 내보낼 수 없었다. 성 안에서 며칠을 더 버텼던 인조는 강화도가 함락되고 비빈과 왕자, 종실과 대신들의 가족이 모두 체포되었다는 소식을 듣고 항복을 결심했다. 48일 만에 항복을 결심한 것이다. 이때 청 태종으로부터 마지막 편지가 왔다. 항복의 조건을 적은 편지였다.

"…… 네가 만일 허물을 뉘우치고 덕을 잊지 아니하여 자손을 길이 이어갈 계획을 세운다면 명나라가 준 고명과 인신(印信, 왕의 도장)을 돌려주어라. 그런 후 명나라와 교통을 끊고 문서에 우리 연호를 쓰고, 네 아들들을 볼모로 내어주고, 여러 대신 중 아들이 있는 사람은 아들을, 아들이 없는 사람은 아내를 볼모로 삼을 것이다. 짐이 명나라를 칠 때 네가 수만 명의 군사를 기약을 어기지 말고 보내야 하고, 조총과 화살은 스스로 준비하고 군사가 돌아갈 때 음식을 베풀어 군사를 위로해야 할 것이다. …… 네가 황제의 신하를 만날 때 예절을 명나라에 하는 것과 같이 하고 내외의 여러 신하와 같이 혼인하여 화친을 굳게 하고, 새로운 성이나 옛 성을 쌓거나 고치지 말라. 짐이 이미 죽은 몸을 살리고 조선의 종묘사직을 완전케 하였으니 너의 자자손손 신의를 어기지 말라. 너희 나라가 교묘하게 남을 속이는 일을 반복하므로 이렇게 하노라. ……"

-『산성일기』 1637년 1월 28일

이 편지의 끝에는 황금을 비롯하여 사슴 가죽, 담배, 수달피, 쌀, 삼베, 돗자리, 다람쥐 가죽에 이르기까지, 청나라에 해마다 바쳐야 하는 조공 물품이 적혀 있었다.

인조는 항복이라는 표현을 쓰고 싶지 않아 '하성(下城, 성에서 내려감)'이라 하였고, 이후의 공식 기록에는 '정축하성'이라 쓰여 있다.

"이날 햇빛이 없었다."

항복을 하던 날인 1637년 1월 30일의 『산성일기』는 이런 구절로 시작되었다. 이날 인조와 소현세자는 전날 급히 지은 푸른 옷을 입고 남한산성의 서문을 나섰다. 이미 청나라의 장수 용골대(龍骨大)와 마부대(馬夫大)가 성 밖에 와서 인조 일행이 나오기를 재촉하고 있었다. 인조는 의장을 모두 생략한 채 시종 50여 명을 거느리고 성을 나갔고 백관으로 뒤쳐진 자는 서문 안에 서서 가슴을 치고 뛰면서 통곡하였다.

"국왕은 늘 입는 곤룡포를 입어도 되겠는가? 또 남문에서 나와도 되겠는가?"

항복 절차를 준비할 때 이조판서 최명길(崔鳴吉)은 청나라 관리에게 물어보았다.

"임금 등은 평복인 푸른 옷을 입어야 하고 죄가 있는 자이니 정문으로 나오면 안 되고 서문으로 나오게 하시오."

• 남한산성 서문. 인조는 왕이 아닌 죄인의 신분이었으므로 남문이 아닌 서문으로, 곤룡포가 아닌 푸른 옷을 입고 산성을 내려와야 했다.

임금이 곤룡포를 못 입고 서문으로 나선 것 자체가 망국을 뜻한다. 더 이상 왕으로 대접을 받지 못한다는 의미이기 때문이다.

인조가 남한산성에서 내려와 가시를 펴고 앉았는데, 얼마 뒤에 갑옷을 입고 말 탄 청나라 군사 수백 명이 달려 왔다. 한참 뒤에 용골대가 다가오자 인조는 자리에서 일어나 그를 맞아 두 번 읍(揖, 두 손을 맞잡아 얼굴 앞으로 들어올리고 허리를 굽혔다가 펴는 인사)하는 예를 행했다.

"오늘의 일은 오로지 황제의 말과 두 대인이 힘써준 것만을 믿을 뿐입니다."

"지금 이후로는 두 나라가 한 집안이 되는데, 무슨 걱정이 있겠습니까. 시간이 이미 늦었으니 속히 갔으면 합니다."

인조의 말에 용골대는 갈 길을 재촉하며 말을 달려 앞에서 인도하였다.

인조가 청나라 황제에게 항복의 절차를 밟은 곳은 지금 서울의 송파 삼전도였다. 황제는 9층으로 쌓은 높은 단 위, 노란 양산 아래 앉아 있었다. 인조는 삼 정승과 여섯 판서와 함께 단 아래로 걸어가 진흙 바닥에 엎드려 절하려 하였다. 그때 신하들이 돗자리 깔기를 청하자 인조는 "황제 앞에서 어찌 감히 스스로를 높이리오."하며 거절했다. 인조는 맨 바닥에서 청나라 태종에게 세 번 절하고 아홉 번 머리를 조아리는 '삼배구고두'의 예를 바쳤다. 『인조실록』에는 이날의 상황이 다음과 같이 기록되어 있다.

"…… 용골대가 들어가 보고하고 나와 한(汗, 황제)의 말을 전하기를, '지난날의 일을 말하려 하면 길다. 이제 용단을 내려 왔으니 매우 다행스럽고 기쁘다'라고 하자 임금은'천은이 망극합니다'라고 대답하였다.

용골대 등이 인도하여 들어가 단 아래에 북쪽을 향해 자리를 마련하고 임금에게 자리로 나가기를 청하였는데, 청나라 사람을 시켜 의식의 순서를 소리 높여 읽게 하였다. 임금이 세 번 절하고 아홉 번 머리를 조아리는 예를 행하였다. 용골대 등이 임금을 인도하여 진의 동문을 통해 나왔다가 다시 동쪽에 앉게 하였다. 대군(大君) 이하가 강화도에서 잡혀왔는데, 단 아래 서쪽에 늘어섰다. 용골대가 한의 말로 임금에게 단에 오르도록 청하였다. 한은 남쪽을 향해 앉고 임금은 동북 모퉁이에 서쪽을 향해 앉았으며, 청나라 왕자 3인이 차례로 나란히 앉고 세자가 또 그 아래에 앉았는데 모두 서쪽을 향하였다. ……

한이 용골대를 시켜 우리나라의 여러 신하에게 고하기를'이제는 두 나라가 한 집안이 되었다. 활 쏘는 솜씨를 보고 싶으니 각기 재주를 다하도록 하라'하니 따라온 신하들이'이곳에 온 자들은 모두 문관이기 때문에 잘 쏘지 못합니다'라고 답하였다. 용골대가 억지로 쏘게 하자 위솔 정이중(鄭以重)이 나가서 쏘았는데, 활과 화살이 우리나라의 것과 같지 않아 다섯 번 쏘았으나 모두 맞지 않았다. 청나라 왕자 및 여러 장수가 떠들썩하게 어울려 쏘면서 놀았다. 조금 있다가 잔치를 벌이고 술잔을 세 차례 돌린 뒤 술잔과 그릇을 치우도록 명하였는데, 치울 무렵에 청나라 사람 둘이 개를 끌고 한의 앞에 이르자 한이 직접 고기를 던져주었다.

임금이 하직하고 나오니, 빈궁 이하 사대부 가속으로 잡힌 자들이 모두 한 곳에 모여 있었다. 용골대가 한의 말로 빈궁과 대군 부인에게 나와 절하도록 청하였으므로 보는 자들이 눈물을 흘렸는데, 사실은 내인이 대신하였다고 한다. 용골대 등이 한이 준 백마에 영롱한 안장을 갖

• 서울 송파구에 있는 삼전도비. 이 비석은 원래 청나라 황제의 업적을 기리기 위해 세운 것이다.

추어 끌고 오자 임금이 친히 고삐를 잡고 신하가 받았다. 용골대 등이 또 청나라 옷을 가지고 와서 한의 말을 전하기를'이 물건은 당초 주려는 생각으로 가져 왔는데, 조선의 옷과 같지 않다. 따라서 억지로 착용케 하려는 것이 아니라 단지 정의(情意)를 표할 뿐이다'라고 말했다. 임금이 받아서 입고 뜰에 들어가 사례하였다. …… 임금이 밭 가운데 앉아 어떻게 해야 할지 처분을 기다렸는데 해질 무렵이 된 뒤에야 비로소 도성으로 돌아가게 하였다. 세자와 빈궁 및 두 대군과 부인은 모두 머물러 두도록 하였는데, 이는 장차 북쪽으로 데리고 가려는 목적에서였다.

임금이 배를 타고 한강을 건넜다. 당시 진을 지키던 병졸은 거의 다 죽고 빈 배 두 척만이 있었는데 백관들이 다투어 건너려고 어의(御衣)를 잡아당기기까지 하면서 배에 오르기도 하였다. 임금이 강을 건넌 뒤에, 한이 뒤따라 말을 타고 달려와 얕은 여울로 군사들을 건너게 하고, 뽕나무 밭에 나아가 진(陣)을 치게 하였다. 그리고 용골대로 하여금 군병을 이끌고 행차를 호위하게 하였는데, 길의 좌우를 끼고 임금을 인도하여 갔다. 사로잡힌 자녀들이 바라보고 울부짖으며 말하기를'우리 임금이시여, 우리 임금이시여. 우리를 버리고 가십니까'라고 하였는데, 길을 끼고 울며 부르짖는 자가 1만 명을 헤아렸다. 한밤중이 되어서야 비로소 서울에 도달하여 창경궁 양화당으로 나아갔다."

-『인조실록』 1637년 1월 30일

조선은 화의의 대가로 소현세자와 봉림대군 등 수많은 인질을 청나라에 보내야 했다. 인조는 세자 일행이 청나라 선양으로 떠

• 창경궁 양화당. 삼전도에서 청나라 황제에게 항복의 예를 바친 인조는 한밤중이 되어서야 이곳으로 들어갈 수 있었다.

나는 것을 배웅하러 한강까지 행차하였다. 당시 우의정이었던 홍서봉(洪瑞鳳)은 참담했던 당시 상황을 다음과 같이 시조로 표현하였다.

이별하던 날에 피눈물이 난지 만지
압록강 내린 물이 푸른 빛이 전혀 없네
배 위에 허옇게 센 사공이 처음 본다 하더라

청나라로 끌려간 사람들 중 선양시장에서 팔린 사람만도 66만명에 이르고 이 외에도 몽골까지 팔려간 사람도 숱하게 많았다. 인질로 잡혀간 사람들을 다시 데려오는 문제는 병자호란 후 조선의 커다란 사회 문제가 되었다. 청나라는 신분에 따라 차등을 두어 돈을 받고 사람들을 돌려보내주었다. 그런데 부녀자들의 경우 그 문제가 더욱 심각했다. 가문의 체면이 있으니 돈을 치르고 아내를 데려오긴 했지만 오랑캐의 나라에서 더럽혀진 여자를 다시 데리고 살 수 없었던 것이다. 그런데 이것이 사회 문제로 확대되자 조정에서는 사대부들에게 이혼을 하지 못하도록 엄명을 내리기도 했다.

명나라를 섬기며 청나라를 무시하고 배척하다가 이렇게 호된 수모를 겪었음에도 불구하고 인조는 명나라에 대한 미련을 버리지 못했다. 더욱이 청나라는 전쟁이 끝난 후에도 여러 가지로 간섭을 해댔다. 인조는 청나라에 대한 원한이 깊어질수록 더욱 명나라 숭상에 매달렸다.

그런데 청나라에 인질로 잡혀갔던 소현세자는 인조와 생각이 달랐다. 청나라에서 유럽으로부터 밀려들어온 선진 문물에 심취한 소현세자는 자신이 보고 들은 바를 조선에 펼치고자 마음이 들떠 있었다. 게다가 명나라가 항복하는 것을 직접 목격한 소현세자는 조선의 살 길은 명나라가 아닌 청나라에 매달리는 것이라고 생각하게 되었을 것이다. 하지만 인조는 원수와도 같은 청나라 오랑캐를 받아들일 수도 용서할 수도 없었다. 그래서 인조는, 소현세자가 청나라로부터 돌아올 때 선물로 사온 벼루를 던져 세자에게 머리에 피를 흘리는 부상을 입히기도 했다.

코드가 안 맞는 것 말고도 인조가 소현세자를 미워하는 이유가 하나 더 있었다. 청나라는, 친명 정책을 좀처럼 버리지 못하는 인조를 몰아내고 소현세자를 왕으로 앉히겠다고 협박하기도 했다. 인조는 자신이 반정으로 즉위한 왕이었기 때문에 왕의 자리가 얼마나 허망하게 바뀔 수 있는지 잘 알고 있었을 것이다. 또 쫓겨난 왕의 운명이 어떻다는 것도 잘 알고 있었을 것이다. 소현세자가 귀국하기 전, 심기원이라는 반정 공신이 소현세자를 옹립하겠다고 역모를 꾸미다 발각된 일도 있었다. 두 차례의 호란을 당하게 한 인조가 왕 자격이 없다는 이유에서였다.

인조가 세자를 이렇게 미워하는 것을 눈치 챈 주변 인물들은 부자 사이를 열심히 이간질했다. 두 사람의 사이는 점점 멀어질 수밖에 없었다. 급기야 건강했던 34세의 소현세자가 귀국한 지 두 달여 만에 의문의 죽음을 맞았다. 공식적인 사망 원인은 학질이었지만 많은 사람이 세자가 독살되었다고 생각했다. 시체가 전부 검은 빛이었고 얼굴의 일곱 구멍에서는 모두 붉은 피가 흘러나오는 등 독살된 사람의 모습이었기 때문이다.

아들을 잃은 인조의 사후 처리도 석연치 않았다. 실록에는 의관이 함부로 침을 놓았다고 쓰여 있지만 인조는 담당 의관에게 책임 추궁을 하지 않았다. 오히려 대신들에게 의관에 대해 아무런 논의도 못하게 하였다. 장례식도 평민의 장례에 준하여 초상 기일을 단축하여 치렀다.

새로운 세자를 세우는 과정도 문제가 있었다. 세자가 세상을 떠났을 때는 세자의 아들인 세손이 왕위를 잇는 것이 원칙이었다. 그런데 인조는 "불안한 시기에 어린 임금이 즉위하면 사직이 위태로울 것이다."라며 둘째아들 봉림대군을 세자로 책봉했다. 그뿐 아니다. 세자빈 강씨는 인조를 독살하려 했다는 누명을 쓰고 사약을 받았다. 또 세자의 아들 세 명도 제주도로 귀양 갔는데 두 명은 1년도 못 되어 풍토병에 걸려 죽고 말았다.

실록에는 소현세자에 대해 다음과 같이 기록하였다.

• 남한산성의 무망루. 인조에게 병자호란은 절대 잊을 수 없는 치욕이었다. 치욕을 잊지 말자는 뜻의 현판은 영조 때 만들어졌다.

"세자는 자질이 영민하고 총명하였으나 기국과 도량은 넓지 못했다. …… 병자호란 때에는 도적 청인(淸人)들이 세자를 인질로 삼겠다고 협박하자, 삼사가 극력 반대하였고 임금도 차마 허락하지 못하였다. 그런데 세자가 나서 '진실로 사직을 편안히 하고 아바마마를 보호할 수만 있다면 신이 어찌 그곳에 가기를 꺼리겠습니까.'라며 자청하였다. 그들에게 체포되어 서쪽으로 갈 적에는 몹시 황급한 때였지만 말과 얼굴빛이 조금도 흔들림이 없었고, 모시고 따르던 신하들을 대우하는 데 있어서도 은혜와 예의가 지극하였다.

그러나 세자가 선양에 있은 지 오래되어서는 모든 행동을 일체 청나라 사람이 하는 대로만 따라서 하고 무기를 가지고 산이나 들에서 짐승을 잡는 일을 하는 군마(軍馬) 사이에 출입하다 보니, 가깝게 지내는 자는 모두가 무인과 노비들이었다. 학문을 강론하는 일은 완전히 그만두고 오직 재물로 이익을 얻는 것에만 관심을 두었으며, 또 토목 공사와 개나 말 기르는 것을 일삼았기 때문에 적국으로부터 비난을 받고 크게 인망을 잃었다. …… 세자가 10년 동안 타국에 있으면서 온갖 고생을 겪고 본국에 돌아온 지 수개월 만에 병이 들었는데, 의관들이 함부로 침을 놓고 약을 쓰다가 끝내 죽기에 이르렀으므로 온 나라 사람들이 슬프게 여겼다. 세자의 향년은 34세로, 3남 3녀를 두었다."

–『인조실록』 1645년 4월 26일

이 기록은 살아남은 자 인조의 취향대로 쓰였을 가능성이 높다. 여기에 쓰인 소현세자의 행적이 사실이든 아니든 상관없이 이 기록에는 인조와 그 시대 사람들이 무엇을 중요하게 여기고 무엇을 천시했는지가 잘 나타나 있다. 그들은 일단 청나라 사람들을 여전히 도적이라 일컫고 있다. 또 학문에 열중하는 것을 최고의 미덕으로 여겼고 사냥이나 군사 훈련, 토목 공사나 목축 등은 천한 일로 여기고 있다. 재물로 이익을 얻는 것도 마찬가지다. 무인과 노비에 대해서는 노골적으로 천대했다.

인조의 망국은 인조반정으로부터 시작되었다. 그는 중립 외교로 나라의 안위를 현명하게 지키고 있던 광해군을 몰아냈다. 그리고는 청나라를 오랑캐라 무시하고 상대하지 않으려다 두 차례의 참혹한 전란을 불러들였다. 그 결과 조선은 역사상 다시 없을 치욕스러운 항복까지 해야 했다. 그럼에도 불구하고 인조는 여전히 국제 정세의 변화를 받아들이지 않고 청나라를 배척했다. 결국 그런 태도가 자신의 아들을 죽음에까지 몰아넣은 것이다.

조선이 병자호란을 겪었던 17세기는 유럽에서 시민혁명을 통한 근대 민주주의와 국민 국가가 자리를 잡아가고 있을 때이다.

• 인조의 장릉. 인조는 참혹한 전란을 겪고 치욕스러운 항복을 했지만 배청숭명 사상을 끝내 버리지 못했다.

콜럼부스의 아메리카 대륙 발견에 이어 상업혁명이 한창 일어나고 있을 때이기도 했다. 그런데 인조는 바깥 정세에는 눈과 귀를 닫고 오로지 망해버린 명나라만 추억하고 있었다. 그러면서 명나라를 섬기는 데 방해가 되는 청나라를 멸시하고 그들을 외면하다가 조선을 망국의 지경에 이르게 하고 아들을 죽음에 이르게 하였다. 청 태종이 남한산성으로 보낸 편지에서 지적한 것처럼 인조와 당시의 대신들은 오랑캐의 무엇이 자신들보다 못하다고 생각했을까? 병자호란의 역사를 보면, 근거 없는 오만함으로 남을 무시하는 것이 나라와 개인을 심각한 위기에 빠뜨릴 수도 있다는 것을 확연히 알 수 있다.

•제9장•

내 발등의 불만 끄면 돼

-조선의 망국

조선이 기울기 시작한 것은 제22대 임금 정조가 세상을 떠나고 영조의 계비인 정순왕후가 순조의 수렴청정을 하면서부터이다. 정순왕후는 정조가 애써 이룩한 정치 질서를 모두 부정하고 정조의 개혁 방향에 역행하는 정치를 행했다. 그래서 영조와 정조가 이뤄놓은 찬란한 부흥의 역사를 하루아침에 허물어뜨렸다.

불행하게도 순조 이후 조선의 왕실은 자손도 번창하지 못했다. 어리고 힘없는 왕이 계속 즉위하면서 계속 수렴청정이 이어졌고 이는 세도 정치의 빌미를 마련했다. 그 과정에서 정치는 극도로 문란해졌고 백성의 삶은 말할 수 없이 피폐해졌으니 그로 말미암아 조선은 급속히 몰락의 길을 걷게 된 것이다.

조선 망국의 원인을 한 마디로 정리하면 왕실은 물론 나라를 이끌어가야 할 정치가들이 멀리 그리고 크게 보지 못했다는 것이다. 모두 자신의 발등에 붙은 불을 끄는 데만 급급했고 일단 불을 끄면 그걸로 끝, 더 근본적인 해결을 하려는 노력은 하지 않았다. 물론 그런 혜안이나 능력을 갖춘 사람을 길러내고 밀어줄 수 있는 분위기도 아니었다. 정순왕후도 자신의 결정이 조선이라는 나라에 얼마나 큰 영향을 끼치는지까지는 생각하지 못했다. 그저 감정에만 치우쳐 자신의 발등 밖에 보지 못한 것이다.

"내 발등의 불만 끄면 된다."라는 말은 두 가지 문제점을 한꺼번에 담고 있다. 하나는 "나만 잘 살면 된다."라는 이기심이고 다른 하나는 자신의 발등 밖에는 보지 못하는 편협함이다.

조선 망국의 시작점이 된 정순왕후는 15세 때 66세였던 영조의 계비로 책봉되었다. 그녀의 친정은 노론 가문이어서 소론이 지지하던 사도세자와 갈등이 많았다. 그래서 정순왕후는 사도세자를 죽음으로 몰아가는 데 한 몫을 하게 되었고 정조가 즉위한 후 대왕대비가 된 정순왕후는 정조 재위 기간 내내 숨죽이며 살아야 했다.

그런데 정조가 세상을 떠나고 11세의 순조가 즉위하자 정순왕후는 수렴청정을 할 수 있는 기회를 잡았다. 그때 노론은 다시 시파와 벽파로 나뉘었는데 정순왕후는 벽파에 속했다. 시파는 사도세자를 동정하며 정조의 편이 되었던 사람들이고, 벽파는 사도세자를 미워했던 사람들이었다. 정순왕후는 정조의 편이었던 시파 인사들을 대대적으로 숙청했다.

이 과정에서 정순왕후는 천주교를 박해하기도 했다. 이것이 1801년의 신유사옥이다. 신유사옥의 명분은, 천주교 교리가 유교 이념이 바탕이 된 조선의 전통 체제를 흔들기 때문에 전파를 못하게 막아야 한다는 것이었다. 그러나 사실상 이는 천주교에 관심이 많던 남인들을 제거하기 위한 정치 탄압이었다. 이때 천주교도 300여 명이 처형되었고 정약용, 정약전 형제를 비롯하여 수

많은 사람이 유배지로 떠났다. 이후에도 정순왕후는 오가작통법을 통해 천주교 말살 정책을 폈다. 오가작통법은 다섯 집씩 묶어 서로 감시하게 하고 문제가 생기면 다섯 집을 모두 처벌하는 일종의 연좌제였다.

권불십년(權不十年). 권력이 아무리 막강해도 그 끝은 있는 법이다. 나는 새도 떨어뜨릴 듯했던 정순왕후의 권세는 안동 김씨 가문의 세도 정치에 밀려 끝이 났다. 정순왕후는 안동 김씨가 아니라 경주 김씨이다. 그런데 시파인 안동 김씨 김조순(金祖淳)의 딸을 순조의 왕비로 맞이하게 되었다. 정조가 세상을 떠나기 전에 이 혼사를 결정해놓았기 때문이다.

대왕대비가 수렴청정을 거둔 후 그녀의 친정 인물들을 비롯한 벽파는 대부분 숙청되었다. 15세의 순조가 친정을 시작했을 때 정국의 주도권은 순조의 장인 김조순이 쥐고 있었다. 김조순은 벼슬을 하지 않고 일생 오직 순조를 돕는 데만 전념했다고 한다. 하지만 그로부터 시작된 안동 김씨의 세도 정치는 60년 동안이나 계속되었고 이는 조선 망국의 계기가 되었다.

안동 김씨 집안 사람들은 자기네들끼리 관직을 독차지했다. 공정해야 하는 인사 제도가 엉망진창이 된 것은 물론 그들의 독주를 막을 세력도 조정에 발을 붙일 수가 없었다. 견제 세력이 없는 안동 김씨의 정권은 부패할 대로 부패해졌다. 사방에서 뇌물을 주고받았고 관직을 사고팔았다. 이 때문에 신분 질서가 문란해지고 사회 기강이 무너지게 되었다.

엎친 데 덮친 격으로 수해와 전염병 등 천재지변도 끊이지 않았다. 순조의 재위 기간 34년 동안 19년에 걸쳐 수재가 일어났을 정도이다. 천재지변으로 해마다 흉년이 드는 데다 탐관오리들은 수탈을 멈추지 않았다. 조정은 이런 상황을 바로잡을 의지도 힘도 없었다. 백성들은 굶주리고 민심이 피폐해져 급기야 여기저기서 민란이 일어나기 시작했다.

그 중 대표적인 민란이 1811년에 일어난 홍경래의 난이다. 홍경래 난의 직접적인 원인은 평안도 사람들을 차별한 것에 대한 불만이었다. 그런데 거기에 탐관오리들의 수탈에 분노하고 살 길이 막막해진 농민들이 힘을 더했다. 또 사회에 불만이 많던 몰락 양반과 유랑 지식인, 서민 지주층 등까지 합세하여 그 힘이 걷잡을 수 없이 커졌다.

홍경래는 왕조를 바꾸고 새로운 정치 체제를 갖추기를 원했다. 단순한 민란의 차원을 넘어선 것이다. 하지만 그는 개혁의 방향을 구체적으로 제시하지 못했다. 조정과의 대치를 길게 끌고 갈 명분도 만들지 못했고 군사도 더 모으지 못해 반란은 결국 실패로 끝나고 말았다. 그러나 홍경래의 난은 농민층의 자각을 가져왔다. 지렁이도 밟으면 꿈틀하고 그 꿈틀하는 힘이 세상을 움직일 수 있다는 가능성을 일반 백성들에게 보여준 것이다.

스스로 통치를 하게 된 순조도 안동 김씨의 세력을 견제하고자 여러 가지 노력을 하긴 했다. 그래서 풍양 조씨 집안에서 며느리를 들인 것이다. 그러나 풍양 조씨라는 또 하나의 세도 집안을 탄생시켰을 뿐 근본적인 해결책은 되지 못했다.

혼자 힘으로는 세도 정치라는 거대한 산맥을 넘을 수 없었던 순조는 새로운 아이디어를 찾았다. 아들인 효명세자에게 대리 청정을 하게 하여 두 사람이 함께 세도 정치에 맞서는 것이었다.

효명세자는 순조와 순원왕후 김씨 사이에서 태어난 적장자이다. 그는 현종비 명성왕후가 숙종을 낳은 후 148년 만에 정비에

• 창덕궁 후원의 의두합. 할아버지 정조를 본받고 싶었던 효명세자는 정조의 숨결이 깊이 배어 있는 후원에 독서를 위한 장소, 의두합을 지었다.

게서 태어난 적자였다. 당시 왕실에서는 적장자라는 말 자체에 커다란 힘이 들어 있었다. 후계자로 서는 데 정통성에 시비를 걸 수 없는 존재이기 때문이다. 효명세자도 별다른 잡음이나 갈등 없이 네 살에 세자로 책봉되었다. 그때부터 준비된 후계자로서 본격적인 수업을 받기 시작했다. 그는 시문에 특별한 재능을 보였고 공부도 열심히 하는 성실한 청년으로 성장했다. 순조는 효명세자가 15세 되던 해부터 정무를 대신하도록 시켰고 세자가 19세 되던 해에는 아예 대리 청정을 명했다.

"건강 때문에 여러 해 동안 정사를 소홀히 하고 지체시켰다. 이제 세자가 총명하고 영리하니 대리 청정을 시키라."

이때 순조의 나이는 38세에 지나지 않았다.

효명세자는 인사권, 군사권, 형사집행권을 제외한 다른 모든 정사를 맡아 하게 되었다. 그는 자신을 앞에 내세운 아버지의 속뜻이 무엇인지 잘 알고 있었다. 그래서 효명세자는 대리 청정을 시작하자마자 곧바로 안동 김씨 다스리기에 착수했다. 종묘의 예식 문제를 들어 전임 이조 판서와 현직 이조 판서를 징계했다. 또 권력의 중심이었던 비변사 당상 모두에게 정사에 태만했다는 이유로 감봉 조치를 내리기도 했다. 이들은 주로 안동 김씨 쪽 사람들이었다.

효명세자는 할아버지 정조를 가장 존경했다. 그는 정조를 본받아 강력한 왕권으로 개혁 정치를 펼치고자 했다. 대리청정 초반부터 단호한 태도로 대신들을 대하며 왕권 회복에 힘썼다. 그러면서도 왕과 대신들의 학술 모임인 경연을 정례화하여 나랏일에 대해 대신들과 활발하게 의견을 나누었다.

세도 정치를 조금 잠재우고 왕권 행사에 대한 자신감을 얻은 효명세자는 정치적으로 소외되었던 소론과 남인, 북인 중 어진 인재들을 불러들였다. 또 백성들의 삶을 돌아보고 선정을 베푸는 등 성군으로서의 자질을 충분히 보여주었다.

그러나 안타깝게도 1830년 효명세자는 22세의 나이로 세상을 떠나고 말았다. 대리청정을 시행한 지 3년 3개월만이었다. 원래 몸이 약했던 효명세자는 갑자기 각혈을 하며 앓아누웠다. 그는 스스로 약을 처방하여 먹기도 했지만 효험을 보지 못했다. 아버지 순조의 희망이었고 조선의 희망이었던 효명세자가 세상을 떠난 후 조선은 스스로의 개혁을 통해 나라의 힘을 회복할 수 있는 기회를 잃고 말았다.

낙담한 순조는 다시 세도 정치에 치이다가 아들을 잃은 4년 후 1834년 45세로 세상을 떠났다.

그 뒤를 이은 제24대 임금 헌종은 순조의 손자이자 효명세자의 적장자이다. 헌종은 순조가 왕위에 오를 때보다 더 어린 나이인 8세에 즉위하였다. 헌종 역시 할머니 순원왕후의 수렴청정을 받았다. 순원왕후는 안동 김씨 가문의 사람이다. 헌종도 당연히 안동 김씨의 세도 정치에서 벗어날 수 없었다.

헌종은 15세부터 친정을 하였다. 그러자 이번에는 어머니 신정왕후 집안인 풍양 조씨의 세도 정치가 시작되었다. 할머니와 왕비 효현왕후의 안동 김씨 가문과 어머니의 풍양 조씨 가문의 사이에 끼어서 헌종은 숨 한 번 크게 내쉴 수 없었다.

두 가문 역시 눈앞의 이익을 챙기는 데에만 몰두했다. 불행은 결코 혼자서 오지 않는다고 한다. 망해가는 조선에는 여러 가지

• 훗날 익종으로 추존된 효명세자와 신정왕후의 수릉. 효명세자가 죽고 조선은 스스로의 힘으로 국력을 회복할 수 있는 기회를 잃고 말았다.

불행이 닥쳤다. 일단 임금들은 수명이 짧았고 자손도 번성하지 못했다. 순조와 헌종, 철종 모두 아들을 앞세우거나 아예 아들을 낳지 못했다. 조선 초기의 임금들이 아들을 많이 낳았던 것(태조 8남, 정종 17남, 태종 12남, 세종 18남)에 비하면 왕실의 기운 자체가 약해졌다는 느낌이 확연하다. 이 상황이 세도 정치의 빌미를 계속 제공했던 것이다.

게다가 조선 말기에는 천재지변도 잦았다. 헌종이 재위한 15년 동안에도 9년에 걸쳐 수재가 일어났다. 농업이 국가 산업의 대부분을 차지하고 있던 당시 흉년이 들면 백성들의 삶에 치명적인 고통이 가해졌다.

천재지변은 인력으로 어찌 할 수 있는 일은 아니다. 또 천재지변이 잦다고 해서 모든 나라가 망하는 것은 아니다. 문제는 천재지변에 대처하는 정치가와 관리들의 태도이다. 백성이야 고통을 받든 말든 자신의 배만 부르면 된다는 탐관오리가 많으면 그 나라는 망국의 길을 걸을 수밖에 없다.

조선이 그랬다. 조선의 백성들은 천재지변에 얻어맞고 탐관오리에 쥐여 짜이고 정신을 차릴 수가 없을 지경이 되었다. 그 중 특히 국가 재정의 기반인 삼정이 문란해져 백성들의 고통은 이루 말할 수 없이 커졌다.

삼정이란 전정, 군정, 환곡을 말하는데 당시 백성들이 내야 할 세금이라 할 수 있다. 삼정 중 전정은 토지세이다. 양반들은 땅 문서를 조작하여 황폐해서 못 쓰게 된 땅이나 비어 있는 땅에도 세금을 부과하여 백성들을 고통스럽게 만들었다. 군정은 16세부터 60세까지의 장정이 군역을 치르는 대신 군포라는 옷감을 내는 제도이다. 군정이 문란해지면서 젖먹이나 죽은 사람의 몫으로까지 군포를 내게 하는 일이 벌어졌다. 장부에 없는 사람들의 군포는 관리들이 중간에서 가로챘다. 환곡은 춘궁기에 백성들에게 곡식을 꾸어주었다가 추수한 후 이자를 붙여 돌려받는 제도이다. 본래는 빈민 구제의 좋은 의도로 시작된 제도인데 국가 기강이 문란해지자 이는 백성들을 괴롭히는 고리대금이 되어버렸다.

세금은 나라의 창고로 들어가야 하는데 탐관오리들은 문서를 조작하거나 말도 안 되는 억지를 써서 세금을 자기들 주머니로 빼돌렸다. 힘없는 백성들은 국가 권력이라는 이름으로 이뤄지는 관리들의 강도 행위에 속수무책으로 당할 수밖에 없었다.

15년밖에 안 되는 헌종의 재위 기간에 역모도 두 차례나 발생했다. 두 번 다 정조의 아우 은언군의 손자인 이원경이 왕으로 거론되었다. 관련자는 모두 죽임을 당하고 이원경도 사사되었다. 이원경은 훗날 철종이 되는 강화도령 원범의 형이다. 형의 죽음에 겁을 먹은 원범은 강화도 구석에 꼭꼭 숨어 살게 되었다.

헌종 때도 천주교를 박해했다. 이것이 기해박해인데 이에 항의한다는 빌미로 서양의 배들이 우리 해안에 자주 나타났다. 1846년에는 프랑스 군함 세 척이 충청도 앞바다까지 들어와 프랑스 신부를 처형한 것에 대해 항의하는 국서를 전달했다. 이에 조정에서는 청나라를 통해 프랑스에 답신을 보냈는데 이것이 우리나라 최초의 외교 문서이다.

이래저래 어수선한 삶을 살았던 헌종은 별다른 업적도, 뒤를 이을 자식도 남기지 못하고 1849년 23세에 세상을 떠났다.

헌종이 갑자기 세상을 떠나자 그 후계자를 결정하는 권한은 순조비 순원왕후가 가지게 되었다. 순원왕후는 아버지 김조순과 오빠 김좌근(金左根)으로 이어지는 안동 김씨 세도 정치의 중심축이었다. 안동 김씨는 한때 효명세자의 처가인 풍양 조씨 가문에 주도권을 빼앗겼다가 효명세자가 세상을 떠난 후 다시 권력을 찾아왔다. 순원왕후가 헌종의 수렴청정을 한 덕분이다.

순원왕후는 두 임금의 뒤에서 수렴청정을 했다. 헌종 때 6년, 철종 때 다시 2년 동안 정사를 돌봤다. 이 기간은 안동 김씨의 집권기나 다름없었다. 안동 김씨는 권력을 쥐고 있던 60년 동안 나라와 백성을 위해서 일하기보다는 개인과 가문을 위해서 살아가는 데 집중했다.

세도 정치가 막을 내린 것은 고종 때에 이르러서였다. 그런데 조선이 걷잡을 수 없이 망가진 것은 헌종과 철종 때였다. 고종 때는 앞대에 저질러졌던 문제의 결과들이 겉으로 드러났을 뿐이다. 그때는 이미 손을 쓸래야 쓸 수조차 없는 지경에 이르러버린 것이다. 결국 눈앞의 이익에만 몰두한 안동 김씨의 세도 정치가 조

• 강화도령 원범이 살았던 강화도의 집. 철종이 즉위한 후 민가였던 이 집에 용흥궁이라는 이름을 붙여주었다.

선을 안팎으로 멍들게 하여 망국의 길로 이끌어간 것이다.

순원왕후는 풍양 조씨 집안에서 나서기 전에 재빨리 후계자를 구했다. 사도세자의 증손자인 강화도령 원범을 데려다 왕위를 잇게 한 것이다. 그가 제25대 임금 철종이다.

철종의 할아버지이며 사도세자의 아들인 은언군 집안 사람들은 참으로 험난한 삶을 살았다. 은언군은 상인들에게 진 빚이 많다는 죄로 영조에 의해 제주도로 귀양을 갔다. 정조 때는 은언군의 큰아들 상계군이 역모죄로 몰려 강화도에 유배되었다가 자살하였고, 그의 아내와 며느리는 천주교 신자여서 신유박해 때 사사되었다. 이때 은언군도 사사되었다. 또 은언군의 손자로서 전계대원군의 맏아들인 원경은 역적들의 입에 오르내렸다 하여 처형되었고 그 동생인 원범만 살아남아 강화도에 유배되었다.

철종은 헌종의 7촌 아저씨이다. 본래 선왕의 아들이 아니라도 항렬로 따져 동생이나 조카뻘 이하가 되는 사람으로 다음 왕을 세워야 한다. 그래야 종묘에서 선왕에게 제사를 지낼 때 항렬 낮은 사람이 항렬 높은 사람에게 머리 숙여 절을 하게 된다. 하지만 당시 조정을 장악하고 있던 안동 김씨들은 이 원칙을 무시하고 선왕의 아저씨를 다음 왕으로 선정했다. 그들에게는 왕실의 질서야 어찌되었든 상관 없었다. 그저 철종 같이 무지한 사람이 왕이 되어야 자신들이 조정을 계속 마음대로 주무를 수 있다고 생각했을 뿐이다.

"원범으로 하여금 순조의 대통을 잇게 한다."

순원왕후의 한글 교지가 내려지고 강화도령 이원범은 순원왕후의 양자가 되었다. 그래서 순조의 아들로서 그 뒤를 잇는 형식을 갖추게 되었다. 이때 철종의 나이는 19세였다. 나이는 들었지만 철종이 공부를 한 적이 없다는 이유로 순원왕후는 2년 동안 수렴청정을 했다. 그 동안 역시 안동 김씨 집안의 딸을 왕비로 맞아들였다. 철종비 철인왕후의 아버지 김문근(金汶根)은 철종을 보필한다는 핑계로 조정의 주요 관직을 모두 자기 사람으로 채웠다. 이때가 안동 김씨 세도 정치의 절정기였다.

이들의 횡포로 당시 사회는 어지러울 대로 어지러워져 있었다. 세력가들은 벼슬 장사를 했고 돈으로 벼슬을 산 관리들은 그 본전을 뽑기 위해 백성들을 쥐어짜듯 수탈하였다. 이때 삼정의 문란이 극에 달했다. 학문의 장으로 만들어진 서원도 제 기능을 하지 못했다. 세도 정치의 소굴이 되어버렸기 때문이다.

이 무렵 새로운 민중 종교인 동학이 창시되었다. 극도로 피폐한 삶을 살았던 백성들은 새로운 세상을 원했고 그것을 내세에서나마 이루기 바라는 마음으로 동학에 빠져들었다.

2년의 수렴청정을 마치고 친정을 시작했지만 철종은 여전히 힘없는 허수아비에 지나지 않았다. 60년 가까이 이어온 안동 김씨 집안의 세력을 꺾을 수가 없었기 때문이다.

삼정의 문란과 탐관오리의 부정부패로 백성들은 더 이상 견딜 수 없는 지경에 이르렀다. 앉아서 굶어 죽을 때까지 기다릴 수는 없다고 생각한 백성들이 곳곳에서 민란을 일으켰다. 민란은 1862년 진주에서 시작되었다. 경상우도 병마절도사 백낙신의 착취를 견디다 못한 백성들이 진주성을 점령하고 부당한 환곡의 징수를 중지하겠다는 문서를 받아냈다. 진주뿐만 아니라 전국에서 민란이 계속 일어났다.

철종은 민란의 원인을 없애고 그 대책을 강구하라고 관리들에게 명을 내렸다. 하지만 철종은 삼정의 문란을 바로잡지 못했다. 삼정의 문란 배경에는 안동 김씨 세력의 횡포가 커다란 그림자로 버티고 있었기 때문이다.

나름대로 나라의 문제를 해결해보려는 시도를 했던 철종은 안동 김씨의 세력이 자신이 상대할 수 있는 녹록한 존재가 아니라는 것을 깨달았다. 대궐 안도 안전한 곳이 못된다고 생각한 철종은 자포자기 상태가 되었다. 이후 철종은 술과 여자에 빠져 나날을 보냈다. 1863년 철종은 14년의 재위를 마치고 33세로 세상을 떠났다.

철종 역시 후계자를 남기지 못했다. 이때 왕위 결정권을 가지고 있던 사람은 효명세자의 비였던 신정왕후이다. 효명세자는 왕위에 오르지 못했지만 아들 헌종 덕분에 익종으로 추존되었고 신정왕후도 왕비의 칭호를 얻을 수 있었다. 더구나 신정왕후는 대왕대비로서 왕실의 가장 웃어른이 되었다.

신정왕후는 안동 김씨의 세도 정치에 맞설 수 있는 사람을 왕으로 앉히고 싶어 했다. 그에 적합한 인물이 바로 흥선군 이하응이었다. 당시 안동 김씨는 자신들의 행보에 걸림돌이 될 만한 사람은 모두 제거해버렸다. 왕실의 종친도 예외는 아니었다. 그런 분위기 가운데 이하응은 안동 김씨들을 방심하게 하여 살아남을 수 있었다. 일부러 건달들과 어울려 다니고 안동 김씨 가문을 찾아다니며 구걸하기도 했다. 안동 김씨가 가랑이 사이로 기어가라면 기어가는 시늉도 했고 심지어는 개 짖는 시늉까지 해서 '상갓집 개 궁도령'이라는 별명까지 얻었다.

신정왕후는 안동 김씨 몰래 흥선군과 손을 잡았다. 신정왕후는 우선 흥선군의 아들 이명복(李命福)을 양자로 삼았다. 명복은 익종의 아들이며 헌종의 동생으로서 헌종의 뒤를 잇는 형식으로 왕위에 올랐다. 그가 바로 제26대 고종이다. 그때 고종은 아직 미성년이었으므로 신정왕후의 수렴청정을 받아야 했다. 신정왕후는 자신이 나서지 않고 흥선대원군이 섭정을 하게 했다.

흥선대원군은 세도 정치를 몰아내고 민심을 수습했으며 국가 재정도 늘려나가는 등 개혁을 펼쳤다. 또 땅에 떨어진 왕권을 회복하기 위해 안간힘을 썼다. 집안과 당파에 상관없이 인재를 고루 등용하였고, 당쟁의 근거지가 되는 서원을 철폐했다. 백성들의 부담을 줄이기 위해 이름 없는 세금과 궁중에 특산물을 바치는 진상 제도도 없앴다. 흥선대원군은 그때까지 세금을 안 내던 양반들에게서 세금을 거둬들이는 대단한 일도 했다.

하지만 왕실의 권위를 세우려 했던 일들이 백성들의 삶에 무리를 주었다. 임진왜란 때 불타버린 경복궁을 다시 세우는 공사비를 마련하기 위해 당백전이라는 돈을 발행했는데 이 때문에 경제의 파탄이 생겼다. 또 도성 4대문에서 통행세를 거뒀고 주인의 허락도 없이 전국의 커다란 돌과 나무를 대궐 짓는 자재로 거둬들여 백성들의 원성을 사기도 했다.

어느 나라나 백성들을 잘 살게 해주면 왕실의 권위는 자연스럽게 이룩된다. 하지만 흥선대원군은 우선 당장 눈앞에 보이는 웅장한 궁궐이나 거대한 왕릉 등이 왕실의 권위를 세워줄 수 있다고 생각했다. 그런 근시안적인 생각이 흥선대원군을 실패로 이끌었다.

이 무렵 미국과 프랑스가 조선을 침략해왔다. 신미양요와 병인양요였다. 병인양요는 흥선대원군의 천주교 박해가 빌미가 되었다. 서양인들은 통상을 하자고 했지만 대포를 쏘는 등 무력을 사용하며 접근한 그들의 태도 때문에 조선 사람들은 그들의 요구를 받아들이지 않았다. 흥선대원군은 쇄국 정책으로 나라의 문을 더욱 굳게 걸어 잠갔다.

• 조선 후기 서양의 침략에 맞서 격전을 벌였던 강화도의 덕진진(왼쪽)과 초지진(오른쪽). 덕진진은 병인양요의, 초지진의 운요호 사건의 전적지이다.

홍선대원군과 고종의 비 명성황후 사이의 갈등도 국력을 하나로 모으는 데 방해가 되었다. 명성황후는 9세 때 부모를 여읜 고아였다. 그런 명성황후를 선택한 사람은 바로 홍선대원군이었다. 부모형제도 없고 별로 대단치 않은 집안의 딸이 왕비가 된다면 외척의 세도 정치를 막을 수 있다고 생각해서였다.

그러나 명성황후는 자기 집안 사람을 최대한 많이 끌어들였다. 또 대원군에게 불만을 가지고 있는 풍양 조씨, 안동 김씨, 유림의 학자들과도 손을 잡았다. 홍선대원군이 서원을 철폐하였기 때문에 유림은 그를 미워하고 있었던 것이다.

1868년 고종은 기다리던 왕자를 얻었다. 명성황후보다 이씨 성을 가진 상궁이 먼저 아들을 낳았다. 그런데 홍선대원군은 이 아이 완화군을 원자로 책봉하려 했다. 이때부터 명성황후와 홍선대원군 사이는 완전히 벌어지고 말았다.

고종이 22세가 되었을 때 홍선대원군은 10년 간의 섭정을 마치고 물러났다. 그런데 고종의 친정이 시작되자 이번에는 민씨 집안 사람들이 조정을 장악했다. 그 무렵이었던 1876년 일본군이 군함을 이끌고 조선의 바다에 들어와 대대적인 공격을 했다. 이 때문에 조선은 일본과 강화도조약을 맺고 나라의 문을 열었다. 민씨 일가는 홍선대원군과 달리 개방 정책을 추구했다. 그래서 조선은 미국, 프랑스, 러시아 등과도 잇달아 조약을 맺게 되었다.

조선이 망국의 길에 본격적으로 접어든 것은 임오군란 이후이다. 임오군란부터 러일전쟁까지, 꼬리에 꼬리를 물고 일어난 사건들의 결과 일본이 조선에서 최종적으로 주도권을 잡았기 때문이다.

1881년에는 양반집 아들 100명을 선발하여 신식 군대인 별기군을 창설하고 일본군 교관을 데려다 훈련을 받게 했다. 이 신식 군대는 구식 군대에 비해 훨씬 좋은 대우를 받았다. 이 해에 구식 군대가 폐지되었는데 남아 있던 군인들도 13개월 동안이나 급료를 받지 못했다. 그러다 뒤늦게 급료를 지급했는데 그것도 1개월 분밖에 안 주면서 겨와 모래가 섞인 쌀을 나눠줬다. 군인들은 급료를 나눠준 관리를 때렸고 이 일이 폭동으로 번지게 되었다. 분노한 군인들은 선혜청 당상 민겸호의 집을 습격했다. 부정부패로 군인들의 급료를 빼돌린 것에 대한 항의에서 시작한 사건은 민씨 정권과 외세에 대한 투쟁으로 발전하였다. 임오년에 군인들이 일으킨 난리, 이것이 바로 임오군란이다.

군인들은 흥선대원군에게 지원을 요청했고 흥선대원군은 민씨 일파를 몰아내기 위해 기꺼이 그들의 배후가 되어주었다. 군인들은 일본 공사관을 습격하고 명성황후까지 잡겠다며 창덕궁으로 몰려갔다. 창덕궁에서 간신히 도망 나온 명성황후는 경기도 장호원에 몸을 숨겼다.

사태 수습을 위해 궁궐에 들어간 흥선대원군은 명성황후가 죽었다고 국상을 발표했다. 명성황후가 이미 죽은 사람이 되면 누구라도 그녀를 찾아 죽여도 상관없다는 뜻이 된다. 또 그녀가 살아 있다 해도 다시 궁궐에 돌아오기 힘들어지도록 한 것이다. 고종은 왕비가 생전에 입었던 옷을 가지고 장사지내도록 하였다. 대신들은 장례를 치르는 일이 급할 것 없다며 더 찾아보자고 했다.

"정말 더는 찾아볼 방도가 없다. 찾아내지 못한 것을 어떻게 하겠는가?"

고종은 대신들을 재촉하여 장례를 강행했다. 흥선대원군의 뜻을 거스를 수 없었기 때문이다. 그런데 얼마 후 흥선대원군은 청나라에 납치되었고 명성황후는 창덕궁으로 돌아왔다. 그때부터 청나라는 본격적으로 조선에 간섭하기 시작했다.

이렇게 청나라에 의존한 수구 세력이 주도권을 잡은 것을 못마땅하게 여긴 사람들이 있었다. 김옥균을 비롯한 개화파 인사들이었다. 그들은 수구 세력을 없애고 개화 정권을 수립하고자 정변을 일으켰다. 1884년 갑신년에 일어난 이 사건이 갑신정변이다.

갑신정변은 10월 17일 밤, 우정국 낙성식 연회에서부터 시작되었다. 연회가 끝나갈 무렵에 담장 밖에서 불길이 일어나는 것을 보고 민영익(閔泳翊)이 밖으로 나갔다가 괴한들의 칼을 맞고 돌아와서 쓰러졌다. 그때 김옥균(金玉均)·박영효(朴泳孝)·서광범(徐光範)·

• 창덕궁의 관물헌(집희). 갑신정변을 일으킨 개화파는 이곳에서 만든 14개조 혁신 정강을 공표도 못한 채 3일 천하의 최후를 맞았다.

서재필(徐載弼) 등 개화파가 궁궐 안 침전으로 들어갔다.

"사대당과 청국군이 변을 일으켜 궁궐은 위험하오니 어서 경우궁(정조의 후궁이었던 수빈 박씨의 사당)으로 몸을 피하소서."

개화파의 말에 속은 고종은 일단 경우궁으로 피신했다. 그 다음 날 창덕궁으로 돌아온 고종은 개화파와 함께 관물헌에서 국정 혁신을 논의하여 14개조의 혁신 정강을 만들었다. 그런데 혁신 정강을 공표하기도 전에 명성황후의 요청으로 만들어진 청나라와 조선의 연합군이 창덕궁을 공격하였다. 개화파를 도와주기로 약속한 일본 군대는 물러나버리고 고종도 명성황후가 있는 북관 종묘로 가버렸다. 이로써 개화파의 집권은 3일 만에 막을 내렸고 조선은 청나라에 더욱 의존하게 되었다.

이때 일본은, 조선과는 손해 배상을 위해 한성조약을 맺고 청나라와는 텐진조약을 맺었다. 그런데 이 텐진조약의 내용은 이후로 두 나라가 조선에 파병, 철수할 때 자기네끼리 서로 통고한다는 것이었다. 두 나라 중 한 나라가 조선에 파병하면 조선의 요청이 없어도 다른 나라도 파병한다는 내용이었다. 당사자 조선을 배제하고 자기네끼리 맺은 이 텐진조약이 이후 조선의 존망에 커다란 영향을 미치게 되었다.

이렇게 동북아시아의 상황은 급박하게 돌아가고 있었는데 왕실은 급변하는 정세에 적절한 대응책을 찾지 못해 우왕좌왕했다. 그 틈을 타서 자기밖에 모르는 부패한 관리들은 백성들을 사정없이 착취했고 백성들은 도탄에 빠지게 되었다. 국가 경제는 파탄에 이르렀고 사회 질서는 엉망이 되었다.

1884년, 더 이상 견딜 수 없었던 백성들이 마침내 들고 일어났다. 갑오농민운동 혹은 동학혁명이라고도 불리는 이 농민 봉기의 직접적인 원인은 고부 군수 조병갑(趙秉甲)의 탐학이다. 하지만 조병갑이 도화선을 불을 붙였을 뿐 화약은 그 전부터 계속 쌓여왔던 것이다.

'보국안민'과 '폐정개혁'을 내세운 농민 봉기는 전국적으로 퍼져 나갔다. 농민들의 기세에 놀란 조정은 청나라에 원병을 청했다. 이때 왕실과 조정 대신들은 정말 한심한 행태를 보인 것이다. 우선 당장 발등의 불만 끄면 된다는 식의 처리가 뒷일을 감당할 수 없는 지경으로 만들었기 때문이다.

이때 청나라는 호시탐탐 조선에 진출할 기회만 노리고 있었으니 옳다구나 하고 군대를 보냈다. 톈진조약에 의해 청하지도 않은 일본군까지 조선에 들어왔다. 외국 군대가 들이닥치자 농민군과 정부는 전주에서 화의를 약속하는 조약을 맺었다. 그런데도

- 흥선대원군이 새로 지은 경복궁의 수정전. 조선의 신분 제도와 노비제를 폐지한 갑오개혁이 만들어진 장소이기도 하다.

두 나라는 군대를 철수하지 않았다.

심지어 일본은 흥선대원군을 앞세워 친일 내각을 만들고 김홍집을 중심으로 개혁을 단행했다. 이것이 1894년의 갑오개혁이다. 갑오개혁의 주요 내용은 다음과 같다.

1. 이제부터 국내외의 공·사문서에 개국 기년(開國紀年)을 쓴다.

1. 청나라와 조약을 개정하고 각국에 특명전권공사를 다시 파견한다.

1. 문벌, 양반과 상민의 등급을 없애고 귀천에 관계없이 인재를 선발하여 등용한다.

1. 문관과 무관의 높고 낮은 구별을 폐지하고 단지 품계만 따르며 서로 만나는 절차를 따로 정한다.

1. 죄인 본인 외에 친족에게 연좌 형률을 일체 시행하지 않는다.

1. 처와 첩에게 모두 아들이 없을 경우에만 양자를 세우도록 그전 규정을 거듭 밝힌다.

1. 남녀 간의 조혼(早婚)을 엄금하며 남자는 20세, 여자는 16세 이상이라야 비로소 혼인을 허락한다.

1. 과부의 재가는 귀천을 막론하고 자신의 의사대로 하게 한다.

1. 공노비와 사노비에 관한 법을 일체 폐지하고 사람을 사고파는 일을 금지한다. ……

갑오개혁은 정치, 경제, 사회 전반에 걸친 근대적 개혁이었다. 이 개혁으로, 신분제가 폐지되고 과부가 재혼할 수 있게 되었으며 노비 제도도 없어졌다. 하지만 이 개혁의 중심 인물들은 친일 정권의 개화파 관료들이었다. 일본이 자신들의 입맛에 맞게 조선을 이리저리 바꾸어버린 것이다. '개국'이라는 연호를 쓰게 한 것도 청나라에의 의존 관계를 끊어버리게 하려는 의도였다.

일본은 한반도에서 청나라를 몰아내기 위해 선전 포고를 했다. 청일전쟁이 일어난 것이다. 우리 땅에서 벌어진 청일전쟁은 두 달 만에 일본의 승리로 끝났다. 전주에서 화의의 약속을 했던 농민군은 다시 죽창을 들었다. 이번에는 일본을 몰아내기 위해서였다. 하지만 농민군은 일본군의 신식 무기에 당할 수 없었다. 결국 갑오농민운동은 실패로 끝나고 말았다.

청일전쟁의 승리로 조선에서 청나라를 완전히 몰아낸 일본은 전리품으로 랴오둥 반도까지 챙겼다. 그런데 일본이 강대해지는 것을 경계한 러시아가 이에 간섭을 하고 나섰다. 러시아는 독일과 프랑스를 끌어들였는데 이를 삼국간섭이라고 한다. 세 나라의 압박에 일본은 랴오둥 반도를 슬그머니 도로 내놨다. 이런 상황을 지켜본 조선 조정은 어떤 생각을 했을까? 근세 이전까지 우리 민족에게 영향력을 행사해온 중국 청나라를 일본이 이겼고, 그 일본도 러시아에는 꼼짝 못한다고 생각했을 것이다. 그래서 러시아에 기대야겠다는 생각을 갖게 되었을 것이다.

이렇게 눈앞의 상황만 가지고 판단한 조선의 조정은 친러 배일 정책으로 방향을 잡았다. 그리고 그 중심에는 명성황후가 있었다. 일본은, 다 지은 밥에 코 빠뜨리는 격이 될 것 같다는 위기감을 느꼈을 것이다. 다급해진 일본은 을미사변을 일으켜 조선의 국모인 명성황후를 시해했다. 그들은 '여우 사냥'이라는 작전으로 명성황후를 정말 잔인무도하게 살해했다.

1895년 8월 20일 새벽, 일본의 폭도는 광화문을 막는 홍계훈을 칼로 베고 곧바로 고종과 명성황후가 거처하던 건청궁으로 달려들었다. 명성황후의 처소는 건청궁의 곤녕합 옥호루였다. 폭도는

• 경복궁의 옥호루. 일본은 이곳에서 '여우 사냥'이라는 작전으로 조선의 국모인 명성황후를 잔인무도하게 살해했다.

왕비를 내놓으라며 이 방 저 방을 마구 뒤지고 다녔다고 한다. 그 와중에 세자는 상투를 잡히고 폭도의 칼등에 맞아 실신했고 고종은 미처 손을 써볼 겨를도 없이 눈앞에서 왕비가 살해되는 것을 봐야만 했다. 폭도는 궁녀의 옷으로 갈아입고 병풍 뒤에 숨었던 명성황후의 달비채를 휘어잡고 마루 끝까지 끌고 가서는 칼로 가슴을 마구 찔렀다고 한다. 그리곤 검은 천으로 시신을 말아서 석유를 붓고 불태웠다고 한다. 시신마저 훼손한 것이다.

일본은, 을미사변이 일본 정부와는 아무런 관련이 없는 깡패들의 난동일 뿐이라고 주장했다. 하지만 폭도는 하버드 대학 졸업생에 한성신보 주필, 일본신문 특파원 등 고등 교육을 받은 자들이었고 일본 정부의 지원과 사주를 받은 것이 여러 자료를 통해 증명되었다.

당시 일본은 고종에게 교지를 발표하게 했다.

"그간 중전 민씨가 국정을 어지럽히고 종묘사직을 위기에 처하게 했다. 변란이 일어나자 중전은 지난 번 임오군란 때처럼 달아나 종적을 감추었으니 중전의 자격을 박탈하고 서민으로 쫓아낸다."

이렇게 명성황후를 폐서인으로 만든 것이다. 하지만 러시아 인사바틴 등 목격자에 의해 이 사건이 세상에 알려지고 국제적으로 비난을 받자 일본은 형식적인 진상 조사를 하여 관련자 48명을 구속했다. 그러나 재판 결과 폭도는 모두 증거 불충분으로 석방되었다.

가장 안전하다고 생각했던 구중궁궐 안에서 왕비가 살해당하는 것을 본 고종은 극심한 공포감에 빠졌다. 궁궐 안의 그 누구도 믿을 수 없었고 음식에 독이 들어 있을까 두려워 식사도 제대로 할 수 없었다. 궁리 끝에 고종은 궁궐 밖에 사는 엄상궁을 불러들였다. 엄상궁은 10년 전에 고종의 승은을 입었다가 명성황후에 의해 내쳐진 사람이었다.

엄상궁은 외국 공관이 밀집한 정동의 러시아 공사관으로 피신할 것을 고종에게 권했다. 1896년 2월 11일 고종과 세자는 버젓한 어가가 아닌 궁녀의 가마를 타고 궁녀의 차림으로 경복궁의 서문인 영추문을 몰래 빠져나갔다. 을미사변 이후 넉 달 만이었다. 이 사건이 아관파천이다. '아관'은 러시아 공사관을 말하고 '파천'은 임금이 피란 가는 것을 말한다.

을미사변으로 조선은 이미 망한 것이나 다름없었다. 궁궐 안에서 남의 나라 폭도에 의해 왕비가 살해당하는 것을 막지 못한 데다가 임금은 복수하거나 응징하는 등의 의연한 대처도 못하고 남의 나라 보호 속에 숨어버렸으니 말이다. 세자 시절의 순종도 "나라의 원수를 갚지 못하면 나라를 나라라고 하겠는가?"라고 말했다고 한다. 이때 이미 조선은 '나라'가 아닌 상태에 이르렀던 것이다.

고종이 경복궁을 떠날 때 광화문이 아니라 서문인 영추문으로 나갔다는 것도 망국을 상징적으로 보여준다. 권위가 살아 있는 임금은 남문으로만 다니기 때문이다. 그나마 얼마동안 궁녀의 가마를 영추문에 수시로 드나들게 하여 경비병들의 눈을 속일 수 있었다고 한다.

러시아 공사관에 도착한 고종은 친일파 대신들을 처형하라 명하고, 친러 내각을 구성하였다. 하지만 고종이 러시아 공사관에 머무는 동안 나라의 권위와 위신이 땅에 떨어졌다. 임금이 남의 나라 공사관에 몸을 숨겨야 하는 그 나라의 위상이 오죽했을까? 독립협회를 비롯한 백성들은 임금에게 대궐로 돌아오라고 요구하였고 고종은 1년여 만에 러시아 공사관을 나왔다. 하지만 을미사변의 끔찍한 기억이 남아 있는 경복궁으로 돌아가지 못하고 경운궁(덕수궁)에 머물게 되었다.

• 서울 정동의 옛 러시아 공사관 건물. 이곳에 몸을 숨겼던 고종은 대궐로 돌아오라는 백성들의 요구에 1년여 만에 경운궁으로 돌아왔다.

1897년 경운궁으로 돌아온 고종은 대한제국을 선포하고 황제의 자리에 올랐다. 고종 황제는 중화전에서 신하들의 축하를 받고 다음과 같은 글을 내렸다.

"봉천 승운 황제는 다음과 같이 조령(詔令)을 내린다. …… 짐이 덕이 없다 보니 어려운 시기를 만났으나 상제가 돌봐주신 덕택으로 위기를 모면하고 안정되었으며 독립의 터전을 세우고 자주의 권리를 행사하게 되었다. 이에 여러 신하와 백성들, 군사들과 장사꾼들이 한 목소리로 대궐에 호소하면서 수십 차례나 상소를 올려 반드시 황제의 칭호를 올리려고 하였는데, 짐이 누차 사양하다가 끝내 사양할 수 없어서 올해 9월 17일 백악산의 남쪽에서 천지에 고유제(告由祭)를 지내고 황제의 자리에 올랐다. 국호를대한(大韓)으로 정하고 이 해를 광무 원년으로 삼으며, 종묘와 사직을 태사(太社)와 태직(太稷)으로 고쳐 썼다. 왕후 민씨를 황후로 책봉하고 왕태자를 황태자로 책봉하였다. 이리하여 밝은 명을 높이 받들어 큰 의식을 비로소 거행하였다. ……"

-『고종실록』 1897년 10월 13일

하지만 대한제국은 조선이라는 왕국에서 제국으로 겉모습만 바꾼 나라였다. 대한제국은 황제의 나라로서 휘하의 제후국을 거느리지도 못했고, 있다 해도 그들을 호령할 위력도 지니지 못했다. 조선이 제국으로 이름을 바꾸든 말든 상관없이 나라 밖에서는 대한제국을 놓고 여전히 각축전이 벌어지고 있었다. 주변국 중에 마지막까지 남은 두 나라인 일본과 러시아는 최후의 결전을 벌였는데 그것이 1904년에 일어난 러일전쟁이다. 러일전쟁에서 승리한 일본에게 대한제국을 차지하는 데 더 이상의 장애물은 없었다.

1905년 11월 17일, 급기야 일본은 한일협상조약이라 불리는 불평등 조약을 고종 앞에 내놓았다. 그날 일본은 어전회의가 열리는 경운궁 안팎에 무장한 군인을 배치하여 공포 분위기를 조성하였다. 하지만 고종은 옥새 찍는 것을 끝내 거부하였다. 고종을

• 고종 즉위 40주년을 맞아 환구단 앞에 세운 석고. 대한제국으로 이름을 바꾼 조선은 황제의 나라가 되었지만 망국의 그림자는 피할 수 없었다.

설득하지 못한 일본 총리 이토 히로부미(伊藤博文)는 이완용(李完用) 등 을사오적을 데리고 조약을 체결하였다. 우리가 을사늑약이라 부르는 협약의 주요 내용은 다음과 같다.

"일본국 정부와 한국 정부는 두 제국을 결합하는 이해공통주의를 공고히 하기 위하여 한국이 실지로 부강해졌다고 인정할 때까지 이 목적으로 아래에 열거한 조관을 약정한다.

제1조 일본국 정부는 도쿄에 있는 외무성을 통하여 금후 한국의 외국과의 관계 및 사무를 감리 지휘할 수 있고 일본국의 외교 대표자와 영사는 외국에 있는 한국의 신민 및 이익을 보호할 수 있다.

제2조 일본국 정부는 한국과 타국 사이에 현존하는 조약의 실행을 완전히 하는 책임을 지며 한국 정부는 이후부터 일본국 정부의 중개를 거치지 않고 국제적 성질을 가진 어떠한 조약이나 약속을 하지 않을 것을 기약한다.

제3조 일본국 정부는 그 대표자로서 한국 황제 폐하의 궐하에 한 명의 통감을 두되 통감은 오로지 외교에 관한 사항을 관리하기 위하여 경성에 주재하면서 직접 한국 황제 폐하를 궁중에 알현하는 권리를 가진다. ……

제5조 일본 정부는 한국 황실의 안녕과 존엄을 유지함을 보증한다.

이상의 증거로써 아래의 사람들은 각기 자기 나라 정부에서 상당한 위임을 받아 본 협약에 기명 조인한다. 광무 9년 11월 17일 외부 대신

박제순 / 메이지 38년 11월 17일 특명전권공사 하야시 곤노스께"

결국 대한제국은 일본에 외교권을 빼앗겼으며 내정 간섭을 허용하게 되어 사실상 국권을 상실한 것이다. 고종은 을사늑약을 무효로 만들기 위해 무진 애를 썼다. 하지만 이미 외교권을 빼앗긴 상태라 도와주는 나라는 하나도 없었다.

고종은 이 문제의 부당함을 알리기 위해 네덜란드 헤이그에서 열린 제2차 만국평화회의에 비밀리에 특사를 파견했다. 그리고 만국평화회의에 다음과 같은 친서를 보냈다.

"대한광무황제 이희(李熙)는 삼가 글월을 네덜란드 헤이그 만국평화회의에 보내노라. 뜻밖에 시국이 크게 변하여 강대국의 침략이 날로 심하여 마침내 우리의 외교권을 빼앗기고 우리의 자주권을 잃게 되었다. 그리하여 짐과 온 국민은 울분하여 하늘보고 부르짖고 땅을 치며 통곡해도 아무 소용없으니 바라건대 우호의 정의와 의리를 베풀어 세계 만방에 발의하고 법을 세워 우리의 독립과 국세를 보전되게 하오. 그러면 짐과 온 국민으로 하여금 그 은덕을 만세에 칭송할 것이니 이는 어찌 다행한 일이 아니리오. 고루 살펴주기 바라노라. 대한 광무 11년 4월 20일. 한양 경성 경운궁에서 서명하고 옥새를 찍노라."

그러나 특사로 파견된 이준(李儁), 이상설(李相卨), 이위종(李瑋鍾)은

• 덕수궁의 중명전. 을사늑약이 맺어지고 고종이 헤이그에 밀사를 파견한 곳이다. 하지만 고종은 그 사건으로 황제의 자리에서 물러나야 했다.

헤이그에서 회의장에 들어가지도 못했다. 그 중 이준은 고국에 돌아오지 못한 채 그곳에서 스스로 목숨을 끊었다.

일본은 이 사건이 한일협약 위반이라며 고종에게 책임을 물었다. 황제의 자리에서 물러날 것을 강요했지만 고종은 거부했다. 그러나 결국 일본의 압박에 못 이긴 고종은 황태자의 대리 청정을 명했다. 1907년 7월 19일은 고종이 황태자의 대리 청정 의식을 거행할 것을 명한 날이다. 그런데 같은 날로 기록된 『순종실록』 첫 번째 기사에 순종은 황제의 자리를 이어받은 것으로 쓰여 있다. 친일파 대신들이 슬그머니 선위(禪位, 임금이 살아서 임금의 자리를 물려줌)의 형식으로 고종을 강제 퇴위시킨 것이다. 마침내 대한제국은 나라를 도둑맞고 황제의 자리까지 강탈당하고 말았다.

고종은 어쩔 수 없이 자리를 순종에게 물려주고 태황제가 되었다. 제26대 임금이며 대한제국 최초의 황제였던 고종은 한일합방 후 이태왕으로 격하되어 살다가 1919년 67세에 세상을 떠났다.

순종은 경술국치까지 만 3년 동안 황제의 자리에 있었다. 나라 안팎에서 수많은 사건이 꼬리에 꼬리를 물고 일어났던 고종 때와는 달리 순종 때는 폭풍의 전야처럼 조용했다. 이미 대한제국은 망국의 상태였고 일본의 계획적인 침략 수순이 거침없이 진행되었기 때문이다.

1907년 일본은 한일신협약(정미7조약)을 맺을 것을 강요했다. 이로써 국정 전반을 일본인 통감이 간섭하였고 정부 각부의 장관을 일본이 임명하는 차관 정치를 행하기 시작했다. 또 경제 수탈을 위한 동양척식주식회사를 설립하였고, 재정 부족을 이유로 대한제국의 군대를 강제 해산시켰으며, 사법권마저 빼앗아버렸다. 이로써 순종은 정치, 경제, 사회의 모든 면에서 허수아비 황제가 된 것이다.

1910년 8월 22일, '한일합병조약안'을 최종 승인하는 대한제국 마지막 어전회의가 창덕궁 흥복헌에서 열렸다. 이 회의에는 총리대신 이완용, 내부대신 박제순, 농상공부대신 조중응, 법무대신 이제곤 등의 국무 대신 외에 황족 대표 및 문무 원로 대신들이 참석했다.

한일합병조약의 주요 내용은 "제1조 한국 황제 폐하는 한국 전부에 관한 일체 통치권을 완전히 또 영구히 일본 황제 폐하에게 양여한다. 제2조 일본국 황제 폐하는 전조에 게재한 양여를 수락하고 또 완전히 한국을 일본 제국에 병합하는 것을 승낙한다."라는 것이었다. 순종은 총리대신 이완용을 전권위원으로 임명하고 기타 구체적인 내용에 대해서는 일본 통감 데라우치 마사다케(寺內正毅)와 상의해서 결정하도록 하였다.

병풍 뒤에 숨어서 어전회의를 지켜본 순종비 순정효황후는 옥새를 치마폭에 감췄다고 한다. 하지만 결국 황후는 삼촌인 윤덕영(尹德榮)에게 옥새를 빼앗기고 말았다. 이완용은 옥새를 받아들고 조선통감 관저로 달려가 데라우치 마사다케와 함께 '한일합병조약'에 서명 날인하였다.

1910년 8월 29일, 순종 황제는 마지막 교지를 내려 이 조약을 선포하였다. 이는 『순종실록』의 마지막이며 『조선왕조실록』의 마지막 기사가 되었다.

"짐이 부덕으로 어렵고도 막중한 업을 이어받아 임금이 된 이후 오늘에 이르도록 법령들과 나라의 질서를 새롭게 하고자 여러 차례 힘썼지만, 원래 허약한 것이 쌓여서 고질이 되고 피폐가 극도에 이르러 만회할 시책을 행할 가망이 없고 뒷감당할 대책이 망연하다. 이를 맡아서 해결에서 더욱 멀어지면 끝내는 저절로 수습할 수 없는 데 이를 것이니 차라리 대임(大任)을 남에게 맡겨서 완전하게 할 방법을 찾고 혁신의 효과를 얻게 함만 못하다. 그러므로 짐이 이에 결연히 스스로 반성하고 확연히 결단을 내려 이에 한국의 통치권을 종전부터 친근하게 믿고 의지하던 이웃 나라 대일본 황제 폐하에게 양여하여 밖으로 동양의 평화를 공고히 하고 안으로 온 나라의 민생을 보전하게 하니 그대들 대소 신민들은 나라의 정세와 세상 돌아가는 상황을 깊이 살펴서 번거롭게 소란을 일으키지 말고 각각 그 직업에 안주하여 일본 제국의 문명한 새 정치에 복종하여 행복을 함께 받으라. 짐의 오늘의 이 조치는 그대들 민중을 잊음이 아니라 참으로 그대들 민중을 구원하려고 하는 지극한 뜻에서 나온 것이니 그대들 신민들은 짐의 이 뜻을 능히 헤아리라."

-『순종실록』 1910년 8월 29일

이로써 대한제국으로 이어졌던 조선 왕조는 27대 519년 만에 망하고, 한반도는 일본의 식민지가 되었다.

경술국치를 당하던 때 황현(黃玹)이라는 선비는 '절명시(絶命詩)'를 쓰고 스스로 목숨을 끊었다.

난리를 겪다 보니 머리가 하얗게 셀 나이가 되었구나.
몇 번이나 목숨을 끊으려다 이루지 못했도다.
오늘날 참으로 어찌할 수 없고 보니

가물거리는 촛불이 푸른 하늘에 비치도다.
요망한 기운이 가려서 황제 별이 옮겨지니
깊은 대궐 안은 침침하여 낮 시간이 더디구나.
이제부터 조칙을 받을 길이 없으니
구슬 같은 눈물이 주룩주룩 조칙에 얽히는구나.
새 짐승도 슬피 울고 강산도 찡그리네.
무궁화 온 세상이 이젠 망해 버렸어라.
가을 등불 아래 책 덮고 지난날 생각하니
인간 세상에 글 아는 사람 노릇하기 어렵기만 하구나.

이 시에서 황현은 사대부들이 직분을 다하지 못하여 나라를 망쳐놓고도 자책할 줄 모른다고 통탄하였다. 조선의 사대부들이 맡

은 바 직분을 다 하지 않은 이유는 자기 발등의 불에만 신경 썼기 때문이다. 조선의 정치가들에게 중요한 것은 자신의 영달과 가문의 안위뿐이었다. 그들의 시선과 관심은 그 이상 커지지도 넓어지지도 못했다.

그들에게 국가나 국가에 기대 사는 일반 백성들은 대체 무엇으로 보였을까? 목숨을 바쳐 지켜야 할 존재였던 국가나 백성이 그들에겐 어찌되든 상관없는 존재로 보였던 것 같다. 아니 오히려 자신들의 배를 불려주는 도구로 여겼던 것 같다.

오늘 우리는 어떤가? 자신의 이익을 떠나서 국가와 민족까지를 내다보고 있을까? 고개를 들어 멀리 보지 않으면, 눈을 크게 떠서 넓은 세상을 보지 않으면 나라는 다시 위태로워질 수 있고 망국의 치욕은 언제라도 우리에게 현실로 다가올 수 있다.

• 마지막 황제 순종의 유릉. 1910년 8월 29일, 한일합병조약을 선포하는 순종의 교지는 『조선왕조실록』의 마지막 기사가 되었다.

우리 역사 속 망국 이야기

펴낸날 초판 1쇄 2015년 2월 20일
초판 2쇄 2019년 8월 27일

지은이 황인희
사진 윤상구
펴낸이 김광숙
펴낸곳 백년동안
출판등록 2014년 3월 25일 제406-2014-000031호

주소 경기도 파주시 광인사길 30
전화 031-941-8988 팩스 070-8884-8988
이메일 on100years@gmail.com

ISBN 979-11-86061-13-8 03910

이 도서의 국립중앙도서관 출판시도서목록(CIP)은 서지정보유통지원시스템 홈페이지(http://seoji.nl.go.kr)와 국가자료공동목록시스템(http://www.nl.go.kr/kolisnet)에서 이용하실 수 있습니다.(CIP제어번호: CIP2015002751)